SİBEL
Canına Tak

SİBEL HÜRTAŞ 1982 yılında İstanbul'da doğdu. Gazeteciliğe 1998'de *Evrens.* zetesinde başladı. Sonra sırasıyla ANKA Haber Ajansı, *Sabah, Taraf* ve *Habert.. ‹* gazetelerinde yüksek yargı muhabirliği yaptı. 2004 Metin Göktepe Gazetecilik Ödülü, 2004 Musa Anter Gazetecilik Ödülü, 2005 Türkiye Gazeteciler Cemiyeti Başarı Ödülü sahibidir. 2013 yılında İletişim Yayınları'ndan *Kafesteki Türkiye - Hıristiyanlar Neden Öldürüldü* kitabı yayımlandı. Cem Ege'nin annesidir.

İletişim Yayınları 2025 • Bugünün Kitapları 167
ISBN-13: 978-975-05-1568-2
© 2014 İletişim Yayıncılık A. Ş.
1. BASKI 2014, İstanbul

EDİTÖR Tanıl Bora
KAPAK Suat Aysu
KAPAK FOTOĞRAFI Hüseyin Türk
UYGULAMA Hüsnü Abbas
DÜZELTİ Ayla Karadağ
BASKI ve CİLT Sena Ofset · SERTİFİKA NO. 12064
Litros Yolu 2. Matbaacılar Sitesi B Blok 6. Kat No. 4NB 7-9-11
Topkapı 34010 İstanbul Tel: 212.613 38 46

İletişim Yayınları · SERTİFİKA NO. 10721
Binbirdirek Meydanı Sokak, İletişim Han 3, Fatih 34122 İstanbul
Tel: 212.516 22 60-61-62 • Faks: 212.516 12 58
e-mail: iletisim@iletisim.com.tr • web: www.iletisim.com.tr

SİBEL HÜRTAŞ
Canına Tak Eden Kadınlar
Kocalarını Neden Öldürdüler?

iletişim

Yrd. Doç. Dr. Özlem Albayrak
ve
Psikolog Alp Ardıç'a
teşekkürlerimle.

İÇİNDEKİLER

TEŞEKKÜRLER...9

SUNUŞ..13

PERŞEMBE...27

DÖRT KADIN...45

BANYO..75

AVLU...89

HELAL...119

KONUŞSANA KIZIM...................................129

KÜRTAJ...163

AKREP...173

TEŞEKKÜRLER

Bu kitap, kadınlara özgü duran o ölümcül sessizliğin, sanıkların sırat köprüsü sayılan duruşma salonlarına kadar sirayet etmesine olan şaşkınlığımızdan doğdu. Kocasını öldürüp de sanık sandalyesinde tek kelime edemeyen o kadınları bir kez görmek, neden öldürdüklerini değil de neden sustuklarını sorabilmek için cezaevlerinin yolunu tuttuk.

Yola, sevgili dostlarım Ankara Üniversitesi Siyasal Bilgiler Fakültesi Öğretim Üyesi Yrd. Doç. Dr. Özlem Albayrak ve Psikolog Alp Ardıç ile birlikte çıktık. Birbirimize sadece yol arkadaşı olmadık, birbirimizin sözü, yazısı, duygusu, düşüncesi olduk; kadınlara, hüzne, öykülere dönüştük.

Birbirimizin sözü, savı olduk. Görüşmelerde üç ağızdan tekmiş gibi konuştuk. Psikolog Alp Ardıç, kadınların gözlerinin içine bıraktığı güven ve büyülü sesiyle yaptı sohbetlerini; Dr. Özlem Albayrak, sorduğu sorularla kadınların hikâyelerine yeni kapılar açtı. Bazı kadınlar belki de kendilerine bile söyleyemeyeceği duygularını bu sesler sayesinde söyledi.

Birbirimizin duygusu, hüznü, esprisi olduk. Her cezaevinden ayrıldığımızda ya kadınların yükü bindi omuzlarımıza

9

ya çocukların kimsesiz hali. Kadınların tek tek elini sıkan, sarılan, içtenlikle selamlayan Alp, bazı görüşmelerde hızını alamayıp danışmanlık bile yaptı. Özlem, kucağından indirmediği çocukları saatlerce salıncakta sallayıp, saçlarını okşadı. Tenimizin dokunduğu her yerinde bir ağırlık kaldı. Yabancı kentlerde o ağırlıkla yol aldık, yolculuk yaptık.

Birbirimizin kolu, sırtı, adımları olduk. O yollara yan yana koşturduk, yan yana saatlerce not aldık, yan yana adres arayıp, yan yana çay taşıdık.

Birbirimizin aklı, deneyimi, kabiliyeti olduk. Alp, hemen hepsi travma yaşamış kadınların durumlarını gözlemledi, bize anlattı. Özlem, kadınların ekonomik durumları ve cezaevlerindeki çalışma koşullarını gittiğimiz her yerde soruşturdu, olaya bir de bu tarafından bakmamızı sağladı.

Ve sonunda zamanı geldi, hikâyeler doğdu.

Bir yanda baba olma heyecanı diğer yanda yığınla işi arasında benimle bir yanıt peşinde koşan sevgili dostum Alp Ardıç'a ve öğrencilerini, sınav kâğıtlarını ve çiçeklerini bırakıp hevesle yollara düşen Özlem Albayrak'a çok teşekkür ederim.

Sadece çalışma süresince değil, çalışmanın ardından hikâyelerin oluşmasında da katkıları olan, bana yön veren dostlarım Alp Ardıç ve Özlem Albayrak olmasaydı bu kitap da olmazdı. Onlara müteşekkirim.

Bizi destekleyen, bir dizi ve sıkıcı bürokratik işleme göğüs geren, yolculuk koşullarımızı sağlayan Gazeteci ağabeylerimiz Muharrem Sarıkaya ve Ahmet Dirican'a teşekkür ederim.

Ankara Sincan Cezaevi Psikoloğu Tayfun Tuğrul ve Eskişehir Çifteler Cezaevi Psikoloğu Nesil Sağın'a, sadece bize gösterdikleri misafirperverlik için değil; mahkûmlara gösterdikleri yakın ilgi için, ellerindeki imkânsızlıklara rağmen harcadıkları onca emek için; insanlara ve mesleklerine verdikleri değer için teşekkür ederim.

Denizli Bozkurt Cezaevi Müdürü Emel Şahin'e, misafirperverliğinin yanı sıra cezaevi çocuklarına karşı samimi yaklaşımı için teşekkür ederim. O, cezaevi kreşine girdiğinde çocukların hep bir ağızdan bağırıp, dizlerine yapışması hafızamda sevginin en güzel ifadelerinden biri olarak kalacaktır.

Bu hikâyelerin yazımına beni teşvik eden ve zamanını ayırarak destek olan İletişim Yayınları Editörü Tanıl Bora'ya teşekkür ederim.

Bu ülkede kadın olmaya farklı bir pencereden bakmayı gösterdikleri için annem Perihan Deniz ve ablam Çiğdem Hürtaş'a teşekkür ederim.

Sevgisiyle hayatı güzelleştiren eşim Orhan Kemal Cengiz'e teşekkür ederim.

SUNUŞ

Çalışma hayatının büyük bölümünü Adliye koridorlarında hikâyeler kovalamakla geçiren bir yargı muhabiriyim ben. Bu kitap da o koridorlarda çıktı sayılır. Tarihini hatırlamadığım bir zaman, bir duruşma salonunda, benim de omuzlarım hayli ağırlaşmış, canım sıkılmış, pek keyifsiz olduğum günlerden birinde bir kadına rastlamıştım. Kocasını öldürmüş bir kadına. O sanık sandalyesinde, ben izleyici sırasındaydım. Yüzünü bile görmedim. Sadece sessizliğiyle tanıştım, müebbet hapis cezası alırken tüm duruşma salonunu kasıp kavuran kayıtsızlığıyla. Bir kadını neyin bu denli sessiz bırakabileceğini düşündüm durdum. Bu olaydan uzun yıllar sonra aklımdaki soruya yanıt bulabilmek için kadınların kaldığı cezaevlerine gitmeye karar verdim.

Bitmek bilmez merakıma sevgili dostlarım Ankara Üniversitesi Siyasal Bilgiler Fakültesi Öğretim Üyesi Yrd. Doç. Dr. Özlem Albayrak ve Psikolog Alp Ardıç da dahil oldu. Bir sürü sıkıcı ve zor bürokratik işlemin ardından 5 Nisan 2011'de Ankara Sincan Cezaevi'ne doğru yola çıktık. Ardından İstanbul'a gittik. Bakırköy Kadın ve Çocuk Tutukevi'ne.

Sonra Eskişehir Çifteler Kadın Cezaevi, Adana Karataş Kadın Cezaevi ve Denizli Bozkurt Açık Kadın Cezaevi'ne gittik. İki ayı aşkın süren çalışma boyunca, kocasını ya da sevgilisini öldürme suçundan hüküm giymiş 30 kadınla bir araya geldik.

Kadınlarla görüşmelerimizi bir odada idareden kimse olmadan gerçekleştirdik. Bazı görüşmelere mahkûmların istekleri ile cezaevi psikologları da katıldı. Elimizde araştırmacıların kullandıkları testler ya da önceden hazırlanmış soru listesi yoktu. Açıkçası biz de neyle karşılaşacağımızı bilmiyorduk. Bizimle görüşmeyi isteyen kadınlar, odaya geldiklerinde, ellerini sıkıyor, öpüyor, çay içiyorduk. "Nasılsın", "Çocuklar nasıl?" gibi sorularla başlayan görüşmeler, hızla samimi bir sohbet havasına bürünüyordu. Biz suçlarını değil, hayatlarını soruyorduk; onlar da çocukluklarından başlayıp, önceki gün gördükleri rüyaya kadar her şeyi bir solukta anlatmaya çalışıyordu. Bazısında espirlerle gülüştük, bazısında ise katıla katıla ağlaştık.

Bu görüşmelerde bizi en çok etkileyen olay, cinsel şiddetin yaygınlığıydı.

Cezaevinde tanıştığım 50'li yaşlardaki bir kadın, kocasından türlü eziyetler gördüğünü anlatırken, utana sıkıla onun dışkısını evin ortasına yapıp zorla kendisine yedirmeye çalıştığını ima etmişti. Hem de bir iki kez değil, evli oldukları 38 yıl boyunca, defalarca. Bu şiddetten kaçmak için bir kez ikinci kattaki evinin balkonundan atlayıp topuklarının kırılmasını göze almış, birkaç kez de köy yerinde gece vakti tarlada nefesini tutup saklanmıştı. Yaşadıklarını şöyle anlatmıştı:

Eve girmek istemezdim, korkardım, sesimi de çıkaramazdım. Kaç saatlere kadar 'tarlada çalışıyorum' derdim de gidemezdim. Tam 38 sene o eve girmemek için, ne çileler çektim. Ben evde olup da o akşam geldiğinde, kolumda hırkama bıçak saklayıp açardım kapıyı, bir şey yapacağımdan değil ya. Tam 38 sene ben öyle açtım kapıyı. En son günü yine dövmeye başladı, kaçtım. Kapıya kadar ulaştım, kapıyı kilitlemiş yine anahtarı cebine koymuş, geldi arkamdan saçlarımdan tutup sürükleyince, ben de elimdeki bıçağı vurdum sonra balkondan atladım, orada bayılmışım. Ayılınca söylediler öldüğünü...

Yaşlı kadın, yargılandığı sırada adamın sapkınlıklarını anlatmaya utanmış, görüşmeyi yaparken bizden Yargıtay'a dilekçe yazmamızı istemişti.

Kocasının isteklerini "sapkın" diye niteleyip ayrıntılarını anlatamayanlar olduğu gibi, bu yaşlı kadın gibi utana sıkıla da olsa başlarına geleni anlatanlar arasında kocasının onu kendi yanında başka biriyle olmaya zorladığını ima eden bir kadın da vardı. Son kavgalarında kocasını öldürmüştü. Cezaevinde çalışan kadının tek tesellisi kazandığı parayla kızını üniversiteye göndermek olmuştu. O da yaşadığı sapkınlık hallerini mahkemede dile getirememiş, müebbete mahkûm olmuştu.

Kocalarından kaba kuvvetle şiddet gören kadınlar da vardı. Onların tek farkı mahkemede bu şiddeti üstelik tüm ayrıntıları ve bazen de tanıklarıyla anlatabilmeleriydi. Mahkeme salonlarında özellikle de ilk duruşmalarda yaşanan curcunayı düşününce, kadınları daha iyi anlıyorum. Salonlardaki izleyici sıraları sadece maktulün ailesi değil mahallenin esnafından duruşma sırasını bekleyen ilgisiz insanlara kadar dolu olur. Kadınların, hele de çocuklu olan kadınların bu curcunada böylesine bir şeyi anlatmasının imkânı olmaz. Ya tek başlarına sorgulandıkları Savcılık ya da Emniyet? Onlar da erkek olduğu için, yine sessiz kalıyorlarmış.

Cinsel şiddet kadınlarla sınırlı değildi. Bir kadın, ilk eşinden olan oğlunu, ikinci eşinin taciz ettiğini anlatmıştı. İlkokula giden oğlunun öğretmeni sayesinde olaydan haberdar olur olmaz kocasını öldürmüştü. Kocasını kasap bıçağı ile 42 yerinden bıçakladığını, ardından üzerine kolonya döküp yaktığını, sonunda tüm evi yaktığını ve dışarı çıkıp izlediğini söylemişti. Neredeyse tüm vücuduna oğlunun ismini dövme yaptırmıştı, konuşurken onları okşuyordu. Cezaevinde en çok etkilendiğim kadınlardan biriydi. Cezaevine girdikten sonra oğlunu yurda vermişlerdi. Hikâyesini, "Oğlumu ara sıra ziyaretime gönderiyorlardı. Son geldiğinde, 'yurtta beni dövdüler anne,' dedi, yemekleri döküyormuş diye. Ben de yurdu şikâyet ettim. Ondan beri çocuğumu göndermiyorlar, benden kötü etkileniyormuş. Ne zamandır göremedim yavrumu, çok özlüyorum, ne yapıyor orada merak ediyorum," diye anlatmıştı.

Çocuk gelinler

Cezaevinde görüştüğüm kadınların hemen hepsi çok erken yaşta evlendirilmişlerdi. Sadece kırsalda değil kent merkezlerinde yaşayanlar arasında da çocuk yaşta evlendirilenlerin sayısı hayli fazlaydı. Bir kadın 12 yaşında evlendirildiğini anlatmıştı, bir diğeri 14. Hepsinin de evlendirilme nedeni aynıydı: "Yabancıya gitmesin."

Kadınlar ilkokuldan sonra okumamıştı, aralarında okul yüzü görmeyen de vardı. Görüştüğümüz kadınlardan sadece biri yüksekokul mezunuydu. O Pakistanlıydı. Onunla Cezaevi müdürünün "Burası Birleşmiş Milletler gibidir. 42 milletten kadın vardır," dediği Bakırköy Cezaevi'nde tanışmıştım. Çok ilginç ama tanışır tanışmaz, onu hatırlamıştım. Neredeyse 10 yıl önce fotoğrafçı sevgilisini bıçaklayarak, öldürmüştü. Fotoğrafçı ünlü olunca olay uzun süre gazetelerde yer almıştı. Düzgün bir Türkçesi vardı. Türkçesi ve anadili dışında 4 dil daha biliyordu. "Annem hostesti. Fransızca biliyordu. Bana da hep dil öğretti," demişti. Cezaevinin aydınlık, her yanı kitaplar ve masalarla dolu kütüphanesi ondan soruluyordu. Tek isteği Pakistan'a dönüp, ailesini yeniden görebilmekti. Aynı, cezaevinde kalan diğer yabancı kadın mahkûmlar gibi.

Ekonomik durumları konusunda ise genelleme yapmak hayli güç. Durumu çok kötü olanların yanında ekonomik durumu evlendikten bir süre sonra iyileşenler de vardı. Zaten sorunlar da bu zenginlik haliyle ortaya çıkmış.

Sincan Cezaevi'nde bir kadın, kolunda altın sarısı saati, ipek başörtüsü, cezaevlerinde kimsenin üzerinde görmediğim kadar uyumlu ve güzel kıyafetiyle gelmişti görüşmeye. O da 50'sini geçmişti. İçeri girip elimizi sıktı, sonra sandalyeye oturdu ve gülümsedi. O an öndeki 5-6 dişinin kırık dökük olduğunu gördük. 15'inde evlendirilen bu kadın, uzun süre orta halli bir hayat yaşamış. Dört çocuk doğurmuş ve dördüne de eşinin iş için sürekli yurtdışına gidip burada aylarca kalması nedeniyle hem analık, hem babalık yapmış. Eşi, kadını Türkiye'de olduğu her gün sebepli sebepsiz döverken o dişleri kırmış, vücudunda hatırlamak istemediği daha başka arızalar da vardı. Parayı bulduktan sonra kendisini aldatıp şiddet uygulamaya devam eden eşinden çok, babalarının şirketinde çalışan dört erkek çocuğunun da bu şiddete ses çıkarmamasına içerliyordu. Dayak yediği günlerin birinde, mutfağa kaçıp kendisini balkona kilitlemiş aşağı atlamayı düşündüğü sırada en küçük oğlunu düşünüp bir hışımla mutfağa geri dönmüş ve eline geçen ekmek bıçağıyla eşini bıçakladığını anlatmıştı. Yere yığılan adamı kucağında hastaneye kadar taşımış, orada çoktan öldüğünü öğrenmiş.

Başka bir cezaevinde tanıştığım kadın ise 70'inden sonra parayı bulup, kendisini evden kovan eşinden dert yanıyordu. Kendine özgü şivesiyle, "Parayı bulunca azdı, beni evden kovdu. Bir gün evi bastım ki evde dansözler. Bizimkiyle alemdeler. Hele biri, yatak odasından çıktı cıbıldak. Bahçeden kalası aldığım gibi..." diye anlatıyordu.

Cezaevinde tanıştığım en yaşlı kadın olan Almanya'da fabrikadan emekli 72 yaşındaki bir kadın mahkûm ise kuyumcu eşini yanlışlıkla öldürdüğünü söylüyordu. Hikâyesini anlatırken de sürekli Psikolog Alp Ardıç'a dönüp, "Hep rüyamda görüyorum doktor bey. Okuyorum okuyorum gitmiyor. Ne yapsam?" diye soruyordu.

Her yolu denemişler

Görüştüğümüz kadınların hemen hepsi bir mağdur kimliği taşıyordu. Yoksulluk, şiddet, sapkınlık, çocuklarına yönelik eziyet hayatlarının neredeyse olağan parçaları haline gelmişti. Bu durumdan kurtulmak için de mücadelelere girişmiş hemen hepsi aynı yolları denemişlerdi. Sırasıyla baba evine, polise, mahkemeye gidip de eli boş dönenler hatta intiharı bile deneyenler vardı.

Kadınların ilk anda gittikleri yer baba eviydi. Bazısı birkaç gün, bazısı ise neredeyse bir yıl kaldıkları evlerinden kocalarının evlerine dönmeye zorlandıklarını söylediler. Cinsel şiddeti gizleyip, gördükleri kaba kuvvetten şikâyet eden kadınlar boşanma kararlarına babalarından "Gelinlikle çıkan kefenle girer", elleriyle memelerini işaret eden analarından ise "Buradan emzirdiğim zehir, buradan emzirdiğim haram olsun," yanıtını almışlar.

Sincan Cezaevi'nde tanıştığım bir kadın –kitapta da Avlu isimli öyküde yaşadıklarını anlattım– boşanmak için üç kez ailesinin yanına sığındığını üçünde de kocasının yanına gönderildiğini anlatırken, "Ben cezaevine girdikten sonra boşanmak isteyen iki kız kardeşime de izin verdiler. Annem söyledi. Çok üzüldüm. 'Onlara sağladığınız hakları bana da sağlasaydınız ben şu an cezaevinde olmazdım,' dedim.

İsyan ettim. Boşansaydım başıma bunlar gelmezdi," diyordu. Başka bir kadın kendi yaşadıklarının ardından sülalesinde ilk kez bir boşanmaya izin verildiğini ve bu yolla dayıkızının boşanabildiğini anlatmıştı.

Ailelerinden destek alamayanlar, şiddet nedeniyle polise de sığınmışlar. Ancak hepsi, "Barışırsınız," ya da "Sonra barışıyorsunuz, biz kötü oluyoruz," denilerek evlerine yollanmış. İşin kötüsü, eve döndüklerinde daha çok şiddete maruz kalmışlar. Yukarıda hikâyesini anlattığım eşinden şiddet gören dört çocuklu kadın, polise yaptığı başvuruları şöyle anlatmıştı:

Çok döverdi, anlatamam o günleri. Polise, karakola çok gittim. Hatta artık bir yerden sonra sırf deşarj olmak için gidiyordum karakola, onlarla konuşuyordum. Derdimi anlatıyordum. Konuya komşuya, arkadaşlara utanıyordum. Polisler dinliyorlardı sonra onu yakalayıp getiriyorlardı. Eşim eve döndüğümüzde "Sen beni nasıl şikâyet edersin," diye bu kez daha çok dövüyordu.

Görüştüğüm kadınlar arasında sadece biri, polise yaptığı ısrarlı başvurular sonunda eşini mahkeme önüne çıkarmayı başarabilmiş. Bu kez de mahkemede "Barışırsınız," denilerek, evlerine yollanmışlar. Boşanmak için mahkemeye giden kadınlar ise başvurularını baskı ile geri almışlar. Birkaç kadın şiddetten bıkıp, intiharı denediğini anlatmıştı.

"Pişman değilim"

Kadınlar cinayetleri planlamamıştı. Cinayet araçlarının genelde ekmek bıçağı olması da bunu gösteriyor. Avluda bulduğu keser, babasının duvarda asılı tüfeği, kömürlükte bulunan balyozu ve evdeki piknik tüpünü kullanan da vardı. Cinayet araçlarının basit olmasına karşın, öldürme biçimleri oldukça vahşi. Anal yoldan sevgilisinin tecavüze uğrayan bir kadın, sevgilisini soyduktan sonra tüfekle kalçasının iki yanından vurduğunu anlatmıştı –kitapta da Banyo isimli hikâyede yaşadıklarını anlattım–. Eşini 42 yerinden bıçakladıktan sonra, kolonya ile yakan bir kadın vardı.

Kadınların birçoğu, görüşme sonunda yönelttiğimiz "Pişman mısın?" sorusuna, "Pişman değilim," yanıtını verdi. Hatta "Keşke daha önce yapsaydım", "Neden daha önce yapmadım diye kendime kızdım", "O gün ben de ölebilirdim, ama Allah demek ki bazı şeyleri daha iyi biliyor", diyenler de oldu. Sadece bir kadın "Vicdanım rahat değil," dedi ama o da cümlesini, "Çünkü onun da anası vardı, o ağladı," diyerek, tamamladı.

Hayatı boyunca yaşadığı köyde yoksullukla boğuşan bir köylü kadın vardı görüşme yaptıklarımız arasında. Düğünlerde saz çalıp, sabaha kadar içen kocasından tek kuruş görmemiş, ardı ardına doğurduğu beş çocuğunu tarlalarda çapa yaparak büyüttüğünü anlatmıştı. Eşinin her gün kendisini ve çocuklarını dövdüğünü, çocuklarının korkudan eteğinin altına saklandığını anlatırken, şunları söylüyordu:

Çocukları okuldan alacakmış, aldırmam dedim. Onun üzerine bizi dövdü. Sonra tüfeğini doldurdu. Evin içinde biz önde o arkada, kovaladı. Yoruldu, "Hele bi uyuyum, uyanayım seni öldürcem," dedi bana. Tüfeği duvara yaslayıp, uyudu. Daldıktan sonra tüfeği aldım, vurdum. Şimdiye kadar çocuklarım için katlanmıştım ona, çocukları da okuldan alacaksa niye katlanayım, dedim. Vurdum. Sonra da Jandarma'ya yürüdüm, teslim oldum. Hiç pişman değilim, keşke daha önce yapsaymışım.

Kadınların hayatının evlenmeden önce babaları, evlendikten sonra da eşleri tarafından yönlendirildiğine dikkat çeken Yrd. Doç. Dr. Özlem Albayrak'ın, önemli bir tespitini aktarayım. Kadınların kendileri ile ilgili verdikleri tek kararın cinayet olduğunu söylüyor Albayrak:

Eğitim düzeyleri ve iş yaşamında yer almamaları bu kadınları, toplumun en zayıf kesimi olarak ortaya çıkarıyor. Eğitim almayan, çalışmayan kadınlar, hayatlarının hiçbir aşamasına yön verme şansını bulamamışlar, ta ki öldürene kadar. Çoğunun hayatlarında kendi yaptıkları, hayatlarına yön veren ve sonucuna katlandıkları tek eylem işledikleri cinayet.

Cezaevinde de aynı

Belki zaman vücutlarındaki şiddet izlerini geçiriyordu kadınların. Ama yaşadıkları travmaların izlerini silmek hayli zordu. Cezaevlerinde bir taraftan da rehabilite amaçlandığı hep söylense de aslında bu amacın önündeki en büyük engelin de mevzuat olduğunu fark ettik. Gittiğimiz her cezaevinde bir psikolog vardı. Hepsi çok genç, idealist ve işlerini seven insanlardı. Ancak mevzuat bu psikologların rehabilite hizmeti vermelerini engelliyordu.

Psikolog Alp Ardıç, görüşme yaptığı kadınların hemen hepsinin kendilerine zarar vermeye çalıştığını, diğer mahkûmlarla iletişim kuramadığını ve dışarıya çıkmaktan korktuğunu gözlemlemişti. Hatta bazılarının yaşadıkları ruhsal hastalıklar da vardı. Mevzuatın travma yaşayan bu kadınların saldırgan olmadıkları sürece hastanelerin psikiyatri servislerine sevk edilmelerini de engellediğini söyleyen Ardıç, travma yaşayan bu kadınlara mutlaka psikolojik destek verilmesi gerektiğini belirtiyordu.

Psikologlar bu şekilde atıl hale getirilirken, cezaevlerindeki çalışma faaliyetlerinin rehabilite hizmeti olarak sunulduğunu gördük. Gittiğimiz cezaevleri neredeyse birer fabrikaya dönüşmüş durumdaydı. Kapalı cezaevlerinde, mahkûmların çalışmaları isteğe bağlı ama yine de çalışmaya zorlanıyorlardı. Kapalı cezaevinde bir süre kalan mahkûmlar, açık cezaevine gönderiliyor. Tahliyesi yaklaşan ve iyi halli olan mahkûmlar için açık cezaevi her ne kadar yasal hakkı olsa da aslında mahkûmları çalıştırmanın bir teşviki olarak kullanılıyor. Mahkûmlar eğer açık cezaevlerinde çalışmayı kabul etmezlerse, sicillerindeki iyi halleri siliniyor ve yeniden kapalı cezaevine gönderiliyorlar. Cezaevlerinde konuştuğumuz tüm idareciler, bu üretim faaliyetlerini para için değil mahkûmları rehabilite etme amacıyla yaptıklarını söylüyorlardı.

Sadece kadın değil erkek cezaevlerinde de çalışma zorunlu. Erkek cezaevlerinde ayakkabı, elbise hatta florasan gibi çok sayıda ürün üretiliyor. Kadın cezaevlerinde de elbise, nevresim, havlu, kilim gibi ürünler ile mantı gibi yiyecekler üretiliyor. Bu ürünler birçok markette veya cezaevinin internet sitesinde satışa sunuluyor. Mahkûmlara bu çalışmalarının karşılığında 2011 rakamlarına göre, ayda 100 lira ücret veriliyor ve sigortaları yapılıyor.

Bürokratlar, cezaevindeki bu işleyiş için "Teksas'ta durum içler acısı, hiç gördünüz mü?" diye karşılaştırma yaptılar. Hatta kadınlar, hayatlarında ilk kez sigortaları yapıldığı için mutlu olduklarını söylediler. Ancak iş gücünün bu denli ucuzlatılması ve çalışma hürriyetinin kısıtlanması da tartışılması gereken bir konu.

Cezaevinde doğan çocuklar

Bu arada cezaevinde kalan çocuklarla da görüştük. Zaten nerede bir kadın koğuşu gördüysek, içeride mutlaka bir çocuk vardı. Sadece Denizli Bozkurt Açık Kadın Cezaevi'nde düzenli olarak kullanılan bir kreş vardı. Çocuklar geceleri koğuşta annelerinin yanında yatıyor, gündüzleri ise anneleri iş atölyesine giderken, kreşe geçiyorlardı. Burada bakıcılar onlarla tüm gün ilgileniyordu.

Adem, Ercan, Yavuz... Anneleriyle birlikte kadınlar koğuşunda kalanlardandı. Üçü de cezaevinde doğmuş, koğuşlarda kadınlarla yaşamıştı. Bakıcıların anlattığına göre kreşe bir sabah "Benim kaşımı ne zaman alacaksınız?" diye sorarak giren olmuştu. Ortada küçük masalar, kenarlarda yataklar ve bir televizyondan oluşan 40 metrekarelik kreş onların tüm hayatıydı. Ara sıra akrabaları ellerinden tutup dışarı çıkarmıştı, ya çocuklar annelerinin hasretine dayanamadığından ya da bakmak zor geldiğinden cezaevi kapısına geri bırakılmışlardı.

Gonca, Rukiye, Yağmur... Kreşin küçük bayan misafirleri daha konuşkan, erkek akranlarından daha olgun duruyordu. Bakıcıların anlattığına göre, biri "Of of Allah'a yalvarıyorum geçsin günler diye ama o bile sesimi duymuyor artık," deyip duruyormuş.

Cezaevinde çocukların da kendilerine ait bir jargonu var. 6 yaşından sonra cezaevinde tutulmadıkları için onlar için 6 yaşına girmek, tahliye olmak anlamına geliyor, 5 yaşındakiler "tahliyeme 1 yıl var", 5,5 yaşındakiler "6 ay sonra tahliye olacağım," diyor. Çocukların "tahliye" sonrası dilekleri ise parka gitmek, pizza veya sucuklu yumurta yemek. Ancak dışarısı onların bu küçücük isteklerini karşılayacak kadar büyük bir dünya değil! Zira dışarıda onlara yumurta bile yapacak kimsesi olmayanlar, 6 yaşından sonra Yerleştirme Yurtlarının yolunu tutuyorlar. Küçücük sırtlarında küçücük bavullar, o cezaevinden bu cezaevine, dört duvar kreşlerden, yurtlara savruluyorlar.

Onlardan kötü durumda olanlar da vardı. Mesela Adana Karataş Cezaevi'nde de bir kreş var, ama bakıcı olmadığı için çocukların kreşe girmeleri yasak. Yetkililer bize kreşi gezdirdiğinde gözümüze çarpan ilk şey, buradaki beşiklerin naylonlarının dahi açılmadığı oldu. Cezaevi ziyaretimiz sırasında Özlem Albayrak, dayanamayıp koridorlarda ardımızdan bakan iki çocuğu kreşe soktu ve oyuncaklarla oynatıp, salıncaklara bindirdi. İki çocuğun da birbirine ne çok benzediğini görünce yetkililerden "Onlar Canoların çocukları," yanıtını aldık. Halalar, teyzeler, anneler hep beraber cezaevindelermiş, böyle olunca kuzenler de birbirlerinden ayrılmamış.

Çocukları görmek üçümüzde de tuhaf bir tat bırakmıştı. Her şeyi unutmuş, oyunlara dalmıştık onlarla. Bizi gülerek karşılamışlar, dizlerimize sarılmış, kucaklamışlardı. Acıklı cezaevi filmlerinden de cezaevi fotoğraflarından da bambaşkaydı duruşları. Çok sayıda çocuk danışanı olan Alp Ardıç şöyle anlatıyordu gözlemlerini:

> Çocuklar gerçek hayatı bilmedikleri için ne tam mutlular, ne de tam mutsuzlar. Arada sıkışmışlar. Kapalı ortamda fiziksel olarak sahip olabilecekleri birçok şeye sahipler ama sosyal anlamda, açık hayattan habersizler. Baba unsuru yok. Hepsi anneyle birlikte. Sosyal hayata hâkim değiller, sosyal gelişimleri zayıf. Dışarıdaki hayatı sadece televizyondan izliyorlar, ama televizyonda gördüklerini içselleştiremiyorlar, ne olduğunu bilmiyorlar. Normal çocuğun bildiklerinden çok uzaklar ama normal çocukların bilmemesi gereken birçok şeyi biliyorlar.

Ya erkekler...

Cezaevindeki kadınlar için çocuklarının yanlarında olması kendileri için iyiyken, dışarıda olması çocukları için daha iyi. Bu nedenle hemen hepsi çocuklarını akrabalarına teslim etmiş. Böylece de aralarındaki iletişim iyice kopmuş. Cezaevinde görüştüğüm bir kadın, 6 yaşındaki kızının ziyaretine gelmediğini anlatırken, gözyaşlarına boğulmuş, şöyle demişti:

Gelmiyordu, dedesine yalvardım. Zorlaya zorlaya getirdiler. Önce uzun süre baktı yüzüme, eğilip sarılmak istediğimde "Anneciğim ben seni anlıyorum, çok kötü şeyler yaşadın. Ama sen de beni anla, o da benim babamdı," dedi. Bir daha da ziyaretime gelmedi.

Cinayete kurban giden adam eşinin yüreğinde tükenmez bir hınç bırakırken belli ki kızının yüreğine ise sevgi kondurmuştu. Mağduriyetlerini anlatan kadınlar diğer yanda öldürdükleri kişilere ilişkin çok sayıda ipucu da vermişti. En fazla da, onların da yaşamlarının çok kolay olmadığına ilişkin ipuçları. Anlattıklarına göre, onlar da başta ailelerinin, sonra içinde yaşadıkları toplumun şiddetinden hayli nasibini almış, türlü yoksulluklar yokluklar çekmişti.

Bu hikâyeler yazılırken, kadınların mağduriyetlerinin yanı sıra erkeklerin içinde bulunduğu durumlar da göz önünde tutulmaya çalışıldı. Bu kitap bir araştırma ya da röportaj kitabı olabilirdi. Ama öne çıkarılacak öyle çok ayrıntı vardı, kadınların şiveleri, görüntüleri, esprileri öyle çok betimlemeye değerdi ki sonunda bu hikâyeler ortaya çıktı. Ancak 8 kadının yaşamı kitaba taşındı. Bu sırada tarafların zarar görmemesi için hem isimleri hem de yaşadıkları kentler gibi kimliklerini ortaya çıkarabilecek bilgiler değiştirildi. Hikâye formatına kavuşabilmesi için bazı kurgusal yan karakterlere de yer verildi. Görüştüğümüz kadınların hemen hepsi şiddet gören kadınlardı. Kıskançlık ya da bir anlık öfke gibi nedenlerle cinayet işleyenler de vardı ancak o görüşmeler kitaba alınmadı.

Görüştüğümüz kadınların bu kadar çok ortak noktası olması aslında tesadüf değildi. Bu kadınlar daha doğdukları anda şiddet ve baskı altında bir yaşama gözlerini açmıştı.

Önce şiddet dolu bir ailede hayata merhaba demişler, istemeden evlendirilmişler, burada da şiddete hatta bazıları cinsel şiddette maruz kalmış, polis, mahkeme, aile gibi başvurabilecekleri tüm kapılardan geri çevrilmişler, cinayet işlemişlerdi. Yargılandıkları mahkemelerde dertlerini anlatamamışlar, geldikleri cezaevinde de bu kez çalıştırılmışlar, çocuklarının hasretiyle tutuşmuşlar. Yaşamlarını böyle bütün olarak ele alınca, anlatımlarında sıkça kullandıkları 'Canıma tak etti' söylemi tam olarak yerine oturuyordu. Bu yüzden de hemen hepsinin söylediği bu sözler kitaba adını vermiş oldu.

Bu görüşmeler kadınların hepsinin mahkemeden, polisten ya da ailelerinden destek görmeleri halinde kaderlerinin değişebileceğine yönelik bir izlenim oluşturdu. Umarım *Canına Tak Eden Kadınlar*, böyle bir farkındalığın kapısını aralar. Türkiye'de ezilen, şiddet gören, yok sayılan kadınların çığlığına bir ses katar.

SİBEL HÜRTAŞ
12 Nisan 2014, Ankara

PERŞEMBE

– Abla var mı çamaşırın, yıkayım?
– Var. Al şunları Perşembeye izne çıkıcam. Güzel koksun
ha! Eniştenle görüşçem.
– Gülşeeeeen. Aşağı gel de tırnaklarımı kes hele. Perşem-
beye çıkcam dışarı.
– Geldim abla.
– Gülşen, döndüğünde bana da uğra...

Gülşen, ardından bağıran Canan'ın sesini duymadı bile
Aslı'ya yetişmek isterken. Aslı koğuştan çıkıp, bahçeye yö-
nelirken o da yönetim binasına doğru koşuyordu. Heyecan-
lıydı, işleri yetiştirebilmek için kendini paralıyordu.

Atölyede, mesaiye öğle arası verildiğinde, yemekhaneye
bile uğramadan koğuşa koşturmuştu. Yıkanacak elbise, ke-
silecek tırnak, yapılacak saç var mı diye sormaya gitmiş, işle-
ri görünce sevinmişti. Kışın yağmurlu günlerinde, ne çama-
şır yıkatan ne saçını yaptıran olmuştu. Avluya dolan güneşle
birlikte saçlarını yaptırmak, tırnaklarını kesitirip, temiz elbi-
seler giymek için sıraya girmişlerdi kadınlar.

27

Yönetim binasına hızla girip, müdür yardımcısının odasının bulunduğu ikinci kata yöneldi Gülşen. Bu işleri yapabilmek için yalvar yakar cezaevine soktuğu, sadece kendisinin kullanacağına ve devamlı bu odada saklayacağına söz verdiği tırnak makaslarını almaya gitti.

İki yanından çıkan kavisli ve uzun merdivenlerin ortada buluştuğu, geniş pencerelerden sızan güçlü güneş ışınlarıyla aydınlanan antrenin beş ayrı odaya açıldığı bir kattı burası. Girişteki şaşaaya karşılık, güneşe bakan küçük pencereli odalar karanlıktı. Eski mobilyaları ve sararmış boyasıyla tamamen çekilmez bir görüntüsü vardı.

Gülşen'in hızını da heyecanını da kesti bu görüntü. Müdür yardımcısının odasına çekinerek girdi. Göz göze geldiklerinde başıyla utangaç bir selam verdi. Konuşarak işleri daha da zorlaştırmamak için hızlı hareketlerle kapının yanı başındaki dolaptan malzemelerini aldı ve koşar adım geri çıktı.

Çıkar çıkmaz da pencerelerin önünde sağlı sollu, arkalı önlü dizilmiş, içleri sayısız geniş yapraklı çiçeklerle süslenmiş saksıların arasında gezinen bir kediye rastladı. Her yerdeydi burada kediler. Akla gelecek gelmeyecek her yerde. Bazen hayatın hâlâ devam ettiğini gösteren şımarık kaşınmalarıyla, bazen loş koridorlarda yapılan hararetli muhabbetlerin gölgelerini kovalayan sevimli halleriyle, bazen saksılardan taşıp rüzgarın etkisiyle sallanan yapraklara attıkları patileriyle, bazen de uğursuzlukların musibeti sebepsiz ulumalarıyla...

Gülşen, oldu olası sevmezdi kedileri. Bir kediye dokunmak zorunda olduğunda tüylerinin altından eline değen kemikleri içinde bir tiksintiye neden olur, günlerce parmaklarının ucunda o kemiklerin dolandığını düşünür, her seferinde içi ürperirdi. Ama birkaç ay önce küçük kızının sokakta yürürken, bir kedinin peşinden büyülenmiş gibi koştuğunu, onu korkutmamak için yavaşça yaklaştığını, başparmağı ile işaret parmağının uçlarını birbirine sürtüp, yumuşak bir sesle "pisi pisi" diyerek yanına gittiğini izleyince tüm duyguları değişmişti. Şimdi olduğu gibi ne zaman bir kedi görse kızının o halleri gözü önünde canlanıyor, yüzüne kendiliğinden bir gülümseme konuyor ve kediye aynı onun gibi yaklaşabilmenin cesaretini arıyordu içinde.

Beyaz uzun tüylü kuyruğunu havaya doğru dikip titreten, uykusundan yeni uyanmış gibi bacaklarını gere gere ileri atıp yürüyen, başını yavaş hareketlerle sağa sola çeviren kedicik, aynı yavaş hareketlerle saksıların arasında kaybuluncaya dek bekledi. Elindeki malzemeleri anımsadı ve koşar adım merdivenleri inip, avluya çıktı.

Sıcak yüzünü ne zamandır böyle cömertçe göstermemişti güneş. O küçük sarı daireden yayılan ışıklar, avluyu çevreleyen uzunlu kısalı binaların çatılarından süzülüp olanca sıcaklığıyla kucaklıyordu bahçeyi.

Binalardan birinde yemekhaneleri, koğuşları ve hamamlarıyla kadınlar; bir diğerinde eski mobilyalı ruhsuz katlara çiçekleriyle hayat vermeye çalışan yöneticiler kalıyordu. Hiç mola vermeyen makineleri ile durmaksızın çalışan atölyelerin bulunduğu bina küçük bir sanayi gibi uğulduyordu. Beyaz, bembeyaz kundaklarıyla bebelerin ve olanca güzellikleriyle çocukların kaldığı bina ise tüm çirkinliğine karşın ışık saçıyordu.

Bilindik cezaevlerinden çok farklıydı burası. Adı üzerinde açık cezaeviydi. Denizli'nin, cezaeviyle birlikte geri kalmış görüntüsünden kurtularak gelişen Bozkurt ilçesinde, ilçenin bir anıtı, gösterişli bir yapısı gibi tam da merkezinde duruyordu. Diğer cezaevlerinin aksine çevresindeki lokantalar, çay ocakları ve taksi durağı ile kendi ekseninde bir kalabalığa sahipti. İlçenin her yanına dağılmış iğde ağaçları ve akşamsefaları, cezaevini sokaktan ayıran kısa duvarların dibinde boy gösteriyordu.

Baharın tüm güzelliği ılık ılık, tatlı tatlı, seve okşaya, usulca doluşuyordu dört bir yana. Tepelerden çatılara, çatılardan avluya, oradan pervazlara...

Bebelerin karanlık ve sessiz pencerelerine mesela... Yeni doğum yapmış anaların kaldığı koğuş penceresine. Uzun bir odada kalıyordu lohusa kadınlar. Odanın sol duvarına boylu boyunca dizilmiş tek kişilik demir karyolalarda kendileri, yanı başlarına konulmuş demir parmaklıklı beşiklerinde de bebeleri. Biri henüz kundakta diğer ikisi altıncı ayına bile girmemiş bebeler, analarının yaslı memelerinde hiçbir şeyden habersiz yaşamaya çalışıyorlardı.

Az ilerideyse her daim kahkahaların yükseldiği çocuk kreşi vardı. Yağmur, Rabia, Ayşe, Mehmet, Adnan, Orhan, Emre, Ahmet ve cam çocuk Can. Kreşte sık sık kendileriyle oynayan müdür Emel ablalarından öğrenmişlerdi baharı ve ne zamandır nisanın ilk günlerini bekliyorlardı heyecanla. Yağmurla ve soğukla geçen aylardan sonra bugün ilk kez dışarı çıkıyorlardı.

Açık cezaevinin avlusu kadınlar, çocuklar ve kedilerle ilkokul bahçesini andırıyordu bugün. Öğle yemeği arası sırf güneşin hatırına kısacık tutulmuş, iş arasında herkes kendini bahçeye atmıştı. Evet, iş arası. Herkesin işi vardı burada, herkesin yapacak bir sürü işi. Avluya bakan en büyük bina atölye binasıydı. Sabah akşam demeden harıl harıl çalışan kadınlarla doluydu her katı. Kimi havlu dikiyor, kimi buraya gelmeden önce teslim olduğu askerin elbisesini. Kimi boya yapıyor, kimi halı dokuyor, kimi boncuk işliyordu.

Gülşen o kadar işin gücün arasında bir de çamaşır yıkıyor, tırnak kesiyor, isteyenin yatağını düzeltiyor, çayını getiriyordu. On yıldır böyleydi bu. Kapalı cezaevinde yeni gelen oldu mu, daha koğuşun kapısı açılır açılmaz yerinden fırlayıp, kadın kendinin yarı yaşında olsa bile elindeki yastığı yorganı kapıyor, yatağını yapıyor, "Çayını getireyim, çamaşırını yıkayım mı?" diye soruyor, onlardan topladığı harçlıkla yaşıyordu. Şimdi açık cezaevinde hem çalışıyor hem de bu işleri yapmaya devam ediyordu. Atölyedeki işinden aldığı aylık 100 lirası, yemek, elektrik, su derken üç kuruşa iniyor o da tırnak kesip çamaşır yıkayarak yaşamaya çalışıyordu.

Bugün de Aslı'nın tırnaklarını kesecekti önce, gece de Emine'nin çamaşırlarını yıkayacaktı lavaboda, sabunla.

Aslı, sallana sallana çıkmıştı avluya, güneşi görünce gözlerinin içi parlamış, derin bir nefes çekmişti içine bahardan. Yaşamayı çok severdi Aslı, sefayı, gezmeyi, yemeyi, içmeyi... Bir de Vedat'ı. Ah o Vedat, her seferinde başını belaya sokmasa daha bir sevecekti ama... Bu, Vedat yüzünden –ve tabi başkaca da bir sürü olay yüzünden– dördüncü girişiydi cezaevine. Az süre yatıp çıkacaktı biliyordu; biliyordu ama bahar da böyle gelip geçiyordu.

Bir duvar kenarı bulup ilişti. Gülşen de yanına yere oturup, elini elinin üzerine koydu, parmaklarının tırnakla buluştuğu noktada, ince bir şerit halinde cansız duran deri parçalarını kendi tırnaklarıyla geriye doğru itti. Suda yumuşatıp, makasla kesmeye başladı. Yanı başlarında kadınlar dedikodu yapıyor, çocuklar yakalamaç oynuyor, kediler asfaltta sırtlarını kaşıyordu.

– Gülşen, baksana. Yağmur'u görüyor musun?
– Hani nerede?
– Şurada bak, yavrucağız... Yazık. Anasına küsmüş, kenarda duruyor.
– Öyle mi küsmüş mü?
– Evet. Anası ağlıyordu dün koğuşta. Çok ağladı, sinir krizleri geçirdi. Bunalıma girmiş Yağmur.
– Neden ki?
– Cezaevinde doğdu ya altı yaşına giriyor bu yıl, alacak-

larmış kadının yanından. Kadın tam onu anlatacakken, "Sen ne suç işledin bilmiyorum ama sen bunun için buradasın. Peki, ben niye buradayım anne!" diye bağırmış, kaçmış gitmiş müdürün yanına. Kadın da çok ağladı çok. Ben atölyeden dönüyordum, duydum.

– Yazık yavrum.

– Yavru ya. Şuna bak küçücük el kadar bebe. Alacaklarmış anasının yanından.

Yağmur'un hikâyesini duyunca Gülşen'in gözleri dolmuş, dalıp gitmişti kendi bebelerine. O sırada makası Aslı'nın serçe parmağına batırdı yanlışlıkla.

– Aaaayy!

– Ay abla, özür dilerim abla. Özür dilerim.

– Tamam, kız tamam, yok bişi.

– Aklım kızlara gitti birden.

– Anladım, anladım. Nasılmış kızlar, gördün mü?

– Evet abla, gördüm.

– Eee anlatsana nasıllarmış?

– İyilerdi abla. Çok iyilerdi. Küçük lise sınavlarına hazırlanıyor, çok hırslı kazanacak inşallah. Kazanırsa söz verdim ona bir kedi alcam. Büyük de okula gidip geliyor, çok iyi dersleri. Çok iyi. Öğretmen olacak inşallah büyüğü.

– Küçüğü ne olcakmış?

– Balerin olacakmış.

– Balerin mi? Daha eli yüzü düzgün bişi bulamamış mı?

– Balerin olsun abla, beyazlar içinde... Dans etsin, melek gibi.

Bir daha konuşmadı Gülşen. İşini bitirip, Aslı'nın ellerini ovdu. Sonra koştura koştura tuvalete gitti, makasları temizleyip müdür yardımcısının odasına bıraktı. Avluya yeniden indiğinde, Yağmur'u cam çocuk Can'ın oturağını taşırken gördü.

Adnan, naylon oturağın altından ellerini geçirmişti, diğer tarafından da Yağmur, yavaş adımlarla avluda Can'ı gezdiriyorlardı. Dokunmak yasaktı küçük Can'a, sarılmak, öpmek, omzundan dürtmek, gülerken dizine dokunmak, eline oyuncak vermek her şey yasaktı. Oturağı olduğu yerde, genellikle de kreşte herkesi göreceği bir yüksekliğe konur, böylece bacaklarını rahatça aşağı sarkıtması sağlanır, çocuklar oyun oynarken yanından arkasından geçip ona güler, selam verir, korkutur, dil çıkarırlardı. Oturaktan inmesi, koşması, yürümesi, oyuncaklarına ya da arkadaşına dokunması olacak iş değildi. Dokunsa kırılırdı parmakları, elleri, bilekleri, bacakları. Bir daha da kaynaması zor olurdu. Dokunamayacağı bir dünyayı oturağından izlerdi Can; dokunamayacağı her şeyi gülümsemesiyle karşılardı. Nasıl olmuşsa kırılgan kemikleri gibi doğuştan gelen ve asla kaybolmayacak gibi duran sevimli bir gülücük vardı sürekli yüzünde. Burnuyla, gözleriyle, yanaklarıyla sürekli bir gülücük yaşatıyordu suretinde.

Cezaevinde doğmuştu Can. Aynı Yağmur gibi bir ev hayatını hiç bilmemişti. Dört yıllık ömrü boyunca basit bir evin sıcaklığını hiç duymaması acıtıyordu insanı. Diğer çocukların hemen hepsi anneannelerinin, teyzelerinin varsa eğer babalarının refakatiyle dışarı çıkıyor, birkaç gün evlerinde kalıyor, geri dönüyorlardı. Döndükleri zamanda yere bağdaş kurup sofra bezinin üzerindeki tavada ekmeklerini bana bana yedikleri sucuklu yumurtayı anlatmaya çekiniyorlardı "ömürleri boyu" tabldottan yemek yiyen arkadaşlarına.

Gülşen, Yağmur'a sarılıp, annesini affetmesini isteyecekti. Yağmur'a bazı şeylerin annelerin elinde olmadığını ama her şeye rağmen annelerin çocuklarını çok ama çok sevdiğini anlatacaktı. Lavaboda tırnak makaslarını yıkarken, makasları yerine koyarken ve hızla merdivenleri inerken söyleyeceklerini bir bir tekrar ediyordu içinden. Ama Yağmur'un karşısına geçince o cesareti bulamadı kendinde. Birkaç ay sonra annesinden zorla alınıp, yuvaya verileceğini bilen bir çocuğa ne deneceğini bilemedi. Can'a türlü şaklabanlıklar yapıp oyalandı, ardından atölyeye koştu.

Öğle molasının ardından, yemeğini dahi yiyemeden aç bilaç vardı atölye binasına. Birinci kattaki dikiş atölyesine çıktı. Duvar kenarlarında dikiş makineleri, ara ara pres makineleri, ortadaki masalarda birbiri üzerine yığılmış kilolarca kumaş, güçlü florosan ışıkları altında çalışan onlarca kadın.

Gülşen, kenardaki küçük dikiş makinesine oturdu. Birbirine eklenmiş şekilde bekleyen kumaşları dikmeye başladı. Yığınla kumaş vardı masasının üzerinde, yeşil, kahverengi, krem alaca olmuş asker üniformaları. Asker üniformaları dikiyorlardı. Her dakika, yüzlerce, binlerce asker üniforması dikiliyordu.

Gülşen, şimdi diktiği elbiselere gülerek bakıyordu. Çok değil 15 sene önce böyle, buna benzer bir üniformayı sevmişti. Bir polis üniformasını. Kendine görücü geleceğini duyunca heyecanlanmıştı. Görücü âdetten pencerenin önünden geçeceğinden günlerce kalkmamıştı camın önünden. İlk gördüğünde üniforması vardı üzerinde, lacivert polis üniforması. Görür görmez de "tamam," demişti yengesine, utanarak. Yengesi de görücülere haber vermişti, "gelin," diye. Ve bir akşam ağabeyi, ikiletmeden vermişti Gülşen'i görücüye. Mutluydu Gülşen, annesi evi terk edip babası da 12 yaşındayken ölünce sahipsiz kalmıştı. Çocuklarına da baksa, temizlik de yapsa sığamamıştı ağabeylerinin evine. Hor görülmüş, dayak yemiş, sahipsizliğin bedelini sonuna kadar ödemişti. Genç adamın üniformasını görünce, "Korur beni en azından," diye geçirmişti içinden, gelin olmuştu 16'sında.

Şimdi üniformaları dikerken onu düşünüyordu Gülşen. Her üniforma o anları hatırlatıyordu. Keşke üniformadan başka bir şey dikseydi. Ama bu duruma itiraz etmeye hakkı yoktu.

Ne de olsa orada;
İtiraz etmek yasaktı, erken çıkmak yasaktı, geç gelmek yasaktı, hak demek yasaktı, mola almak yasaktı.
Su istemek yasaktı, ışık istemek yasaktı, konuşmak yasaktı, oturmak yasaktı, izin istemek hepten yasaktı.
İtiraz eden, hakkını arayan, herhangi bir şey isteyen kapalıya giderdi. Kimse kapalıya gitmek istemezdi.
O yüzden çalışırlardı.
Açık cezaevi büyük bir fabrikaya dönüşmüştü resmen. Atölye binalarının her katında sabahtan akşama kadar üretim vardı. Erkeklerden kurtulmak için cezaevine giren kadınlar şimdi erkeklere üniforma dikmek için mesaideydi. Evlerinden ayrılan kadınlar şimdi türlü türlü ev eşyası dikmek için sıradaydılar. Neler üretilmiyordu ki cezaevinde. Nevresim takımları, yastıklar, pikeler, çeşit çeşit havlular, çamaşır fileleri... Daha sonra bunların hepsi tek tek fotoğraflanıp, cezaevinin internet sitesinden satışa sunuluyordu:

"Ürünlerimiz yüzde 100 pamuk kumaştan olup düz renk ve desen çeşitlerimiz bulunmaktadır.

Tek kişilik nevresim takımı:	29,60 TL.
Çift kişilik nevresim takımı:	40,00 TL.
Mutfak havlusu:	11,12 KR.
El havlusu:	4,00 TL.

...."

Kadınlar, cezalarının bir bölümünü tamamladıktan sonra iyi halliyseler bu cezaevine gelebilirlerdi. Ama çalışmayı kabul etmek şartıyla.
Hoş onlar için değişen bir şey yoktu. Kapalıda da çalışmak zorundaydılar. Sincan'dakiler sabahtan akşama mantı yapar-

lar, mantıları Ankaralı büyük marketlerde satılırdı. Eskişehir'de işgüzar bir yönetici Avrupa Birliği fonu ile kilim yaptırırdı. Satış paraları cezaevinin döner sermaye hesabını doldururken, kadınlar da aylık 100 lira alırdı.

Kapalıda isteyen çalışırdı, açıkta ise herkes mecburdu! Bir iki ay önce çalışmayı kabul etmeyen bir kadının sicilindeki iyi hali silindi. Bir daha geri dönmemek üzere açık cezaevinden gönderildi. Bu şekilde kapalıya gönderilen çok olmuştu. Ama Gülşen gidemezdi.

Çocukları vardı bu kentte. Kaderi ilk kez yüzüne gülmüş, kapalıda Denizli Açık Cezaevine geleceğini duyunca kızlarını göreceği umuduyla havalara uçmuştu. Hatta bu Perşembe onları görmeye gidecekti yine.

Perşembeleri herkes severdi burada. İzin günüydü Perşembe. Sabahları çıkıp, akşama kalmadan varacaklardı koğuşa. Geç kalanın, erken çıkanın, kaçmayı aklından geçirenin iyi hali silinir, kapalıya gönderilir bir daha da göremezdi açık cezaevini.

Perşembe yaklaştığından tatlı bir telaş vardı koğuşta. Çamaşırlar yıkanıyor, tırnaklar törpüleniyor, sutyenden ya da don cüzdanından çıkarılan harçlıklar tekrar tekrar sayılıyor, gidilecek yerler bir bir anlatılıyordu.

Açık cezaevine geldiği dört perşembedir, soğuktan, parasızlıktan biraz da korkudan anasının dışarı çıkarmadığı cam çocuk Can da heyecanlıydı. Güneş, onun için sadece avluya çıkabilmenin değil, soğuk diye çıkarılmadığı sokakları göreceğinin de habercisiydi. Bu Perşembe belki anası oturağı kucağına alıp onu dışarı çıkaracaktı. Biliyordu ufak tefek kadıncağız onu çok taşıyamayacaktı. Olsun, uzakları istemiyordu ya avlunun bu dibinde değil de nasıl oluyorsa öte dibinde biten akşamsefalarını görse bile yeterliydi. Anası da söz vermişti bu Perşembe duvarın öte dibini Can'a göstermeye...

Ranzanın başına oturmuş, elindeki cımbızla bacağındaki tek tük kalmış tüylerle oynayan Aslı mutluydu, Vedat gelecekti yanına, kızlara onu anlatıp duruyordu. Sırf onun için hazırlanmış olmak adına oynuyordu bacağıyla. Emine, koğuştaki kadınlarla şehir merkezine inecekti. Belki pastaneye giderlerdi, belki sinemaya. Emine, yıkanmış çamaşırlarını Gülşen'den isterken, özenerek bakıyor, kızlarını soruyordu:

– Ne şanslısın be Gülşen, iki kızını da kucağına alıp gezeceksin.

– Dersleri nasılmış Gülşen abla, iyi miymiş? Bak benim kız matematikten Pekiyi almış, karnesini yanında getirmişti gördüm.

– İkisinin de matematiği iyi. Hele küçük kız çok seviyor matematiği.

– Ah be ne şanslısın. Onlar da burada sen de burada. Keşke benim yumurcaklar da burada olaydı. Ya geliyorlar ya gelmiyorlar. Her hafta bekle gelecekler mi diye, ananeleri getirecek mi, parası olacak mı, gücü olacak mı, yok tansiyonu mu çıkacak, yok şekeri mi azacak... Bekliyom bekliyom iki ayda bir anca getiriyo kızları. Hiç yoktan iyidir diyom, buna da şükür diyom. Ama sen gel bi de bana sor, ana yüreği. Burnumda tütüyo işte. Ah mahpusluk ahh!

– Merak etme, ne kaldı şunun şurasında kavuşursun bebelerine.

– Sen de inşallah mutlu olursun.

– İnşallah.

– Ee anlat bakalım ne dedi senin bebeler. Ne yapmışlar babaaneleriyle.

– Babaanneleri iyiymiş. Kızlara da çok iyi bakıyormuş.

– Üstleri başları yerinde miydi?

– Yerindeydi. Kiloları da. Kızların bir şikâyeti yok Allah'a şükür. Bir tek benim çıkmamı istiyorlar. Söylemiyorlar ama yolumu çok gözlüyorlar belli. İlle de Perşembe hemen olsun diye ağlıyormuş ufaklık, büyük kıza. Büyük kız da onu avutuyormuş. Büyümüş de abla olmuş kızım. Kınalı kuzum. Keşke küçüğümün de büyüdüğünü görseydim, anne dediğini görseydim.

– Olsun be Gülşen olsun. Şimdi görüyorsun ya.

– Küçük var ya bıdı bıdı konuşuyor, susmuyor. Genç kız oldular, çok güzeller.

– Ne yapacaksınız yarın?

– Bilmem okul çıkışında alırım herhalde onları, gezdiririm nereye isterlerse.

Hepsi, Perşembeleri olağan üstü bir mutluluk ve sabırsızlıkla bekleyip, cezaevinden çıkar çıkmaz bir başına kalan, uzak yollardan kimsenin gelmemesine içlenip yalnızlıklarıyla yüzleşen, özlemleriyle, içlerindeki kaçak göçek sevgilerle, yılların mahpusluklarının yüreklerine demirlediği karanlıkla, bir "suçlu" olmanın benliklerine kazıdığı utangaçlık ve çekingenlikleriyle koşarak koğuşlarına dönen kadınlardı oysa. Ve bu yüzden belki de Gülşen'le saatlerce konuşmak, ona sorular sormak, ondan Perşembeler dinlemek pek hoşlarına giderdi. Gülşen, kendine nasıl da özenilerek bakıldığını anlar, ilk defa bu duyguyu hissettiğinden olacak Perşembeden Perşembeye geçen bir hafta boyunca, kimsenin aklına gelmeyecek ayrıntılarla süsleyerek bir bir anlatırdı buluşmalarını.

En uzun hikâye ondaysa en uzun hazırlanan da o olmalıydı. Bir yandan kızlarıyla ne yapacağını anlatıp, diğer yandan dolabının başında oyalanıyordu. Her Perşembe giydiği siyah şalını çıkardı dolaptan, siyah uzun pardösüsünü, siyah kalın çoraplarını, siyah boğazlı kazağını...

Dolabın önünde dönüp dolaşıp aynı şeyleri katlıyor, kaldırıyor, çıkarıyor, bakıyor, yeniden katlayıp kaldırıyordu.

Dolaba bakarken her şeyin ne kadar da düzenli olduğunu görüyor, dağıtmak içinden geliyor, cesaret edemiyordu. Tam da kocası Hakan'ın istediği gibiydi her şey dolabın içinde. Yerli yerinde, tek tek düzenli, katlı, temiz. Hakan olmasa da arkasında dağıtmaya ya da yanlışlıkla da olsa bozmaya korkuyordu dolabı.

Evlendiklerinde daha 16'sındaydı, böyle becerikli temiz olmasına şaşırmıştı Hakan. Ne güzeldi Hakan'ın taşra görevini yaptığı Osmaniye'de geçirdikleri ilk iki yıl. Memur maaşıyla büyük kentte yaşamaktan daha kolaydı burada yaşamak. Hem lojmanda boş yer vardı hem işine yürüyerek gidiyordu hem de karakol kendi gibi genç gurbetçi meslektaşlarıyla doluydu. Sıkıya gelemezdi zaten Hakan. Ondan evlenmekten de hep çok korkmuştu. Ama buradaki rahat hayat korkusunu biraz olsun azaltmıştı. İlk kızlarını da bu kentte almışlardı kucaklarına.

Sadece iki yıl sonra yeniden büyük kente geldiğinde, baş edilmesi zor bir hayatın kucağında bulmuştu kendini Hakan. Ne kirasını ödeyebileceği doğru düzgün bir ev bulabilmiş, ne de görev yerine alışabilmişti. Her dakika hesap yapmaktan arkadaşlarıyla bir kelime dahi konuşmuyordu. Hele arka arkaya gelen sokak nöbetleri. Uykusuz nöbetler. Çiş molası verilmeyen, karavana dağıtımının unutulduğu nöbetler. Mutsuz bir adam oluvermişti birden. İçki, kumar ve dayakla gelen kabus gibi yıllar da birbirini izlemişti.

Çalışmadığı, üniforma dikmediği, çamaşır yıkamadığı, saç tarayıp tırnak kesmediği, dolapları yatakları düzeltmediği, tuvalet banyo silmediği her an Hakan geliyordu aklına. Her akşam kapı açılıp da eve girer girmez sebepli sebepsiz sinirlenmeleri, küfürleri, dayakları.

Postalları. Yüzünün altında ezildiği, parmaklarının altında çiğnendiği postalları... Sırtına, bacaklarına, vücudundaki her yerine acı sesler çıkararak vuran kemeri. Ve onları tamamlayan üniformasıyla gözünün önünden gitmiyordu Hakan.

O kocaman elleri ile yüzünü, boğazını, omuzlarını kavrayıp nefessiz bırakışı kendisini... Sonra o morarmış, yeşilleşmiş, çürümüş bedenine dantelli boncuklu renkli türlü türlü gecelikleri giydirmesi. Unutmuyordu Gülşen unutamıyordu hiçbir şeyi. Bedeni, bedeninin her milimi on yıl geçse de sızım sızım sızlıyordu hâlâ o dayaklardan.

Son gün, yine sarhoş geldiği günlerden birinde, uzun saatler süren dayakların peşine bir soluklanmalık ara verip de ikinci rakısını açtıktan hemen sonra belindeki kuşaktan çıkardığı tabancayı vermişti Hakan, Gülşen'in eline. "Hadi vur beni!" diye bağırmıştı, emniyetini açıp. Gülşen de hayatında ilk kez dokunmuştu bir tabancanın tetiğine. Hem de biri iki diğeri dört yaşında kızlarının gözü önünde....

Tam 10 yıl bir sürü cezaevi dolaştıktan sonra açık cezaevine gitmeye hak kazanmış, buraya gelmişti Gülşen. On yıl boyunca kimse arayıp sormamıştı onu, on yıl boyunca hiç kimse gelmemişti ziyaretine. Cezaevine girip de kızlarının hasretine dayanamadığı günlerden birinde, seslerinin kulaklarında çınladığı, suretlerinin gözlerinin önünden gitmediği bir zamanda dayanamayıp mektup yazmıştı kızların amcasına.

"Ne olur, yalvarırım. Analık hakkım için bir kerecik getirin kızlarımı," diye yalvarmıştı. Amca da iki satır bir mektupla yanıtlamıştı:

"Kızlarına senin öldüğünü söyledik, haberin ola, sakın bir daha arama."

Çarşamba gece yarısı uzandığı ranzada tavana bakıp saatlerce bunları düşündü yine. Sonra herkesin dört gözle beklediği Perşembe sabahına uyandı. Uzun pardösüsünü giydi, düğmelerini boynuna kadar ilikledi, şalını başına doladı, siyah gözlüğünü taktı. Otobüse binip, Denizli'ye vardı. Kızlarının okuluna gitti, daracık sokağa sağlı sollu park etmiş arabaların yanına yanaştı, gözüne kestirdiği iki arabanın arasında durdu. Çıkış saatini bekledi.

Okul zili çalıp da kapı açıldığında sokağa dağılan yüzlerce çocuğun aşağı doğru geldiğini gördü. En önde yarışa durmuş yedi sekiz erkek çocuğu yokuş aşağı koşuyorlardı hızla. Birbirlerinin kollarına girmiş dörtlü beşli kız öğrenciler görünüyordu çocukların ardındaki kalabalıkta. Bir ellerine okul çantalarını almış, diğer elleriyle de çocuklarının ellerinden tutan bir sürü veli yürüyordu aralarında.

İki arabanın arasında duran Gülşen, yavaşça çömeldi. O coşkulu ve gürültülü kalabalığın hiçbir durumda dikkatini çekmeyecek şekilde gizlendi.

Bir süre sonra on dördünde, güzel mi güzel, uzun boylu, al yanaklı, parlak, uzun saçlı büyük kızını; on ikisinde şirin mi şirin toplu yanaklarından gözleri kısılmış, sırtına kocaman bir çanta takmış küçük kızının elinden tutmuş, arkadaşlarına laf yetiştirip, güle oynaya yürürken gördü. Kızlarını önünden geçtikleri saniyeler boyunca nefesini tutup, kımıldamadan izledi.

Uzun süre bekledi. Ta ki son öğrenci sokaktan geçene kadar, ta ki okulun ağır demir kapısı kapanana, sokak sessizliğe bürünene, etrafta kimsecikler kalmadığına emin olana kadar.

Ardından doğruldu, ellerini cebine koyup, yukarı doğru çektiği iki omzunun arasına başını gizledi usulca. Kızlarının aksi yöne doğru yürümeye başladı küçük adımlarla. Duraktan otobüse bindi uzun süre yürüdükten sonra. İçinde kızlarının olduğu hayaller kurdu yol boyu, sevindi, içi ısındı, kızlarının giydikleri ekose etekleri, ceketleri, diz altlarına kadar uzanan beyaz çorapları ve botlarını tek tek gözünün önüne getirmeye çalıştı. Düşündü kirli miydi, temiz miydi, bir ek-

sikleri var mıydı, sırt çantası küçük kızının omuzlarını ağrıtır mıydı, güneş vardı ama montsuz üşürler miydi...
Aynı düşüncelerle koğuşa girdi.

Vedat yine söz verip gelmemişti Aslı'nın yanına; Emine pastaneye gideceği Canan ve Ayşegül'le daha yolun başında kavga etmişti; korkusundan Can'ı duvarın öte tarafına kadar bile çıkaramamıştı annesi.

Hepsi koğuşta susuvermiş, dışarıda hâlâ güzel bir hayatın devam ettiğine dair umutlar için Gülşen'i beklemişlerdi.

Gülşen, içeri girer girmez Aslı atlamıştı ilkin:

– Gülşen, nasıldı kızların?
– İyilerdi. Çok iyilerdi, selamları var hepinize.
Dedim ki sizi düşünürken Aslı teyzenizin elini kanattım. Üzüldüler bebeler. Güldük, geçtik sonra.
Küçük kız matematikten 100 almış. Çok sevinçliydi. Büyük hemen atladı "e anne ben çalıştırdım almaz mı?" diye. Eşek kadar oldu hâlâ kıskanıyor.
Kızların arkadaşları vardı. Beni görünce hemen onlar da geldiler.
Yürüdük biraz, muhabbet ettik.
Küçük kızın sırt çantası aklıma takıldı, çok sırtını acıtıyor mudur acaba. Ona sordum "Ya hayır anne yaaa!" dedi ama...

Adam öldürme suçundan aldığı ceza indirimlerle
15 yıl oldu. Kapalı cezaevinde uzun süre kaldıktan
sonra iyi hali ve yattığı süre göz önüne alınarak
açık cezaevine gönderildi.

Hayattaki tek varlığı iki kızı kendisini öldü biliyor. İkisine de cinayetten sonra babaanneleri bakmaya başladı.

Cezaevine girdiğinden bu yana hiç kimse ziyaretine gelmedi. Atölyede ve koğuşta yaptığı işlerden kazandığı paralarla ihtiyaçlarını karşılıyor. Cezaevinden çıktıktan sonra ne yapacağı konusunda hiçbir planı olmadığını söylüyor.

DÖRT KADIN

– Derya.

– ....

– Derya.

– ....

– Derya ver şu poşeti lanet olası.

– ....

– Ver artık çıkmam lazım. Hadi Allah cezanı versin, hadi.

– ....

– Çocuk ağlıyor git bak.

– Hakkı.

– N'oldu?

– ....

– Deli deli bakma da hadi, hadi artık. Kapıyı kapat iyice, açma kimseye. Çocuğa da biraz sahip çık, bari üstünü değiştir be kadın.

– Bu poşet mi?

– Tamam onu ver, onu ver. Kapıyı kapat iyice.

Kapıyı kapattı.

Ardına başını dayadı.

Sanki düşecekmiş gibi sıkı sıkıya tutundu, kapının koluna. Taşıyamayacağı kadar ağırlaşmış başını eğdiğinde, tırnakları kırılmış simsiyah olmuş ellerine değdi bakışları. İpleri koparılmış bir kukla misali gövdesi desteksiz kalmış, yere yığılmıştı. Saçları karmakarışıktı, gözlerinin altı morarmış, kupkuru dudakları yırtılmış, yüzü kara lekelere boğulmuştu. Gözünü kırpmadan izlemişti avuçlarını, hayat çizgisini yarılayan kesiklerini oymuştu. O gece kocasının giydirdiği elbiselerleydi hala. Aynı gecelik, aynı hırka, aynı donla...

Ne zamandır böyle dalıp gidiyordu cansız bir beden gibi. Dün, önceki gün, ondan önceki gün...

Böyle yığıldığı vakitlerde bebeği Efe, emekleye emekleye yanına ulaşıyor her şeyin farkındaymışçasına hareketsiz bakıyor, minicik elleriyle dokunmaya çalışıyordu annesine. O an Derya'nın içi yanıyor, bir bebeğin acımsı bakışlarından utanıyor, ağlamaya çalışıyor ama bir iç sızıntısı boğazını düğümlüyordu. Bazen de Efe'nin nefessiz kalana dek ağlamaları ekleniyordu bu manzaraya. Zavallı bebeğin korkuyla, açlıkla, tüm vücudunu sarmış siğillerin acısıyla attığı çığlıkları bile kaldıramıyordu onu yığıldığı yerden.

Hakkı akşamları eve geldiğinde, karısını böylece yere yığılmış; bebeğini de açlıktan ve acıdan kıvranmış halde bulurdu. Önce bebeğini kaldırır, bezini değiştirmeye çalışır, ardından kolonya döktüğü avucuyla vücudunu temizlemeye koyulur, yanında getirdiği süte ekmek doğrayıp yedirmeye çalışırdı. Ardından divanın köşesinde, göbeğini okşayarak uyumasını beklerdi.

Sonra da Derya'yı toplar, bir parça ekmek peyniri bebeğine yaptığı gibi yedirmeye çalışırdı. Derya bazen açlıkla saldırırdı ekmeğe bazen de başını eğip diğer lokmanın uzatılmasını beklerdi. Hakkı aynı özenle Derya'yı olduğu yerden kaldırıp, divana sürükler başının altına bir yastık koyar, sigarasını yakıp kapıyı dinlemeye başlardı.

Apartman kapısının her açılışında korku kaplardı içini. Çocuk sesleri, gülücükler, konuşmalar duyunca rahatlar; kah kendini onların yerine koyup hayal kurar; kah onlardan nefret eder her an patlayacakmış gibi öfke sarardı içini. Kapının açılışından sonra ses gelmezse nefesini tutar, yumruklarını sıkar kendi kapısına doğru artacak ayak seslerini dinlemeye koyulurdu.

Yedi gün geçmiş, henüz Cennet Apartmanı'nın zemin katına inen olmamıştı...

Doğrusu bu ya öncesinde de tek bir kez kapıları çalınmamıştı daha. Cennet Apartmanı'nın sakinleri korkardı zemin katına inmeye. Girişin iki kat altındaki bu yer sanki hiç olmamış, çoktan unutulmuştu. Ta ki Hakkı, küçük bir dükkânın yanında küçük bir de ev aramaya başlayınca hatırlara gelmiş, Cennet Apartmanı'nın erkekleri Boyacı Hakkı ve karısının, yerin iki kat altındaki tek göz odada apartmanın merdivenlerini silip, çöpleri atmaları koşuluyla kiraya vermeye ikna olmuşlardı.

Hakkı çok aramıştı burayı. Koca İstanbul'da, yerin iki kat dibinde bir yeri. Elinden gelse yerin yedi kat dibini, kimsenin ulaşamayacağı bir uzaklığı, kimsenin kapıyı göremeyeceği bir karanlığı bulmak isterdi.

İki sokak ötede de bir dükkân ayarlamıştı. Sırf Derya'ya verdiği sözü tutabilmek için, istemeye istemeye gitmişti ayakları bu izbe iki metrekarelik dükkâna. Hakkı, o günden beri, evde olmadığı zamanlarda dükkândan dışarı adımını atmıyor, iş çıkınca mazeretler uyduruyor, kimi zaman müşterideyim yazılı bir notu kapıya asıp, saatlerce karanlıkta tek başına oturuyordu.

Sabahları ise dayanılmaz bir yorgunluk çöküyordu üstüne. Sabah gün doğumuna yakın evden çıkıp gücünün yettiği kadar sokaklarda yürüyor, kimsenin olmadığını anlayınca bir taksiye biniyor mesai saatine kadar dükkâna yetişiyordu.

O gün de mahalleliye şöyle bir görünüp, dükkâna girdi, taburesine oturdu. Gitmeliydi artık buralardan, hem Derya'yı hem de Efe'yi alıp, en uzaklara, en karanlığa. Mesela bir köydeki en uzak eve, bir deniz kenarı kasabasındaki en sıcak kulübeye, bir kentteki en kalabalık mahalleye...

Yeniden kendi yaşamına ait olamayacak hayallere daldı. Kendini o hayallere öyle inandırmıştı ki bu kez aklından geçenleri Derya'ya anlatabilmek için sabırsızlandı. Akşam olur olmaz da eve gitti. Önce Efe'yi ardından Derya'yı topladı. Küçük bir kız çocuğunun bez bebeklerini dizişi gibi, kucaklayıp, özenle divana yerleştirdi ikisini de. Elinden geldiği kadar yedirip, elinden geldiği kadar temizledi onları. Efe'yi kucağına alıp, Derya'nın göğsüne bastırdı, elleriyle bebeği sarmasına yardım etti. Sonra ikisine de sarılıp, Derya'nın kulağına fısıldadı.

– Gidelim mi buralardan.

– ...

O geceden beri böyle ağlamak istiyordu Hakkı. Sarıldığı yerde kendine hâkim olamıyordu. Hakkı'nın gözyaşları, karısının yanağına bulaşıp süzülüyor, Derya'nın günlerdir boğazına takılan yumruk sanki kocasının gözlerine taşıp oradan dökülüyordu.

Zor konuşuyordu Hakkı. Yılların özrünü dileyeceği anda sesi çıkmıyor, kelimeleri bulamıyor, her sözcük dilinde düğümleniveriyordu. Titrek, çekingen, çaresiz, "Hepsi benim suçum, söz veriyorum düzelteceğim, n'olur..." deyiverdi. "Amasra'ya dönelim istersen" diye ekledi.

Derya, uzun bir uykudan uyanmış gibi ilk kez tepki veriyordu. Önce gülümseme konan yüzüne, birden öfke asılmıştı. Bahçesi elma ağaçlarıyla dolu bir gecekondunun sarı ışıklı pencerelerinden süzülen kahkahalar çalınmıştı ilkin kulaklarına, ardından ölülerin sesleri; babasının, bebesinin çok uzaklardan gelen inlemeleri...

Süzülüp, divanın altından kız kardeşi Vesile'nin sararmış, kırılmış küçüklük resmini çıkardı. Alnını kapatan kâkülleri, iri gözleri, aydınlık yüzüyle eskilerde kalmış bir anıdan ibaretti şimdi Vesile.

Çocukluğunun akşamlarında karanlıktan korkup, Vesile'ye sarılır, güzel yüzüne bakıp, inceden inceye kıskanırdı. Sadece güzelliğini değil, cesareti ve en çok ele avuca sığmaz hallerini. Ablası Feride, akşamları gittiği düğünlere özenir, gazete kâğıtlarından iğneyle tutturup yalandan elbise dikerdi Vesile'nin üstüne, akşam babalarının sigaralarını çalar, öğlenleri bahçedeki çardakta dedikoduların sonu gelmezdi. Yokluk içinde de olsa severlerdi bu küçük gecekonduyu. Öyle küçüktü ki dünyaları, hayalleri bile bahçenin çitlerine kadar ulaşamazdı.

Babalarının ölüm haberini almadan az önce de bahçede birbirlerini kovalıyorlardı. Annelerinin feryadına içeri koştuklarında, yerde boylu boyunca uzanmış babalarının bedeniyle karşılaştılar. Gözlerindeki ışıltıyı da hoş muhabbetleri de kahkahaları da o bedeni gömdükleri toprağa bırakıp, evlerine döndüklerinde ne elma bahçesi o denli güzel görünmüştü gözlerine ne de sarı ışıkları huzurlu.

Eylül ayı geldiğinde annesi Feride'yi lise ikinci sınıftan alıp, ilk gelen görücüyle evlendirdi. Birkaç hafta sonra da Derya'yı...

Derya, Hakkı'yı o zaman tanımıştı. Kısa boyu, çelimsiz gövdesi, öne düşmüş omuzlarıyla hiç hayallerindeki gibi değildi. Sesini çıkarmadan gitmişti Hakkı'yla. Belki de en çok o gün özenmişti Vesile'nin asi hallerine.

On altısında gelin olmuştu Derya, on yedisinde anne. Daha anneliğini bilemeden yitirmişti kızını. Üçüncü ayında beşiğinde ölmüştü bebeği. O zaman Derya yine böyle uzun süre dalıp gitmişti uzaklara, sesini çıkarmadan, yemek yemeden yasını tutmuştu bebeğinin. Öyle sessizdi ki bebeği gece yarısı beşiğinden alıp, hastaneye koşturan Hakkı'ya neden öldüğünü bile soramamıştı.

Babasının yanında küçük bir mezar taşıydı artık anneliği. Tek başınaydı bebeğini uğurlarken. Ne Vesile, ne Feride ne de annesi gelebilmişlerdi arka sokaktaki mezarlığa.

Kocası Feride'yi uzak memleketlere götürmüş, Vesile bir gece yarısı anasından yediği dayaklara dayanamayıp hayallerinin bile geçemediği bahçe çitinden koşarak, atlayıvermişti. On dördünde değildi evden kaçıp gitmeleri başladığında. Üç dört kez kaçmış, her seferinde polislerin kolunda geri eve gelmişti. Son kaçışı hepsinden uzundu, tam üç ay sonra polislerin kolunda eve dönerken hiç bu denli özlem duyacağını ummamıştı. Yorgun, yaralı, pişmanlık doluydu. Evinin demir kapısını çalınırken içini bir sıcaklık kaplamıştı. Kazanda su ısıtacak, yıkanacak, paklanacak, saçlarını örecek, bir sıcak çorba içecek, anasının dizinin dibinde uyuklayacaktı.

Ama kapıyı açan olmadı...

Annesi, her gün kapıya gelen mahallenin erkeklerinden de küçük kızının ardından söylenenlerden de bıkmıştı. Üstüne parasızlık ve yokluktan. Kaç gündür bir parça ekmek ve zeytinle kapının önünde beklemişti Vesile'yi. Sonunda da karısını yeni kaybetmiş bir adama gitmişti Bursa'ya. Birkaç parça eşyasını bavula koyup, anahtarı ev sahibine vermişti. "İçindeki eşyaları satın birikmiş kiraları karşılayamaz ama... Hakkınızı helal edin," deyip, gitmiş; bu koca dünyada kaybolmak ister gibi ne bir isim ne de bir adres bırakmıştı.

Kapı açılmayınca, Vesile'nin yüreğindeki sıcaklık yerini birdenbire sessizliğe bırakmıştı. Yalnızlık, serseri bir kurşun gibi hiç beklemediği anda yüreğinden vurup paramparça etmişti. Oracıkta, elleri ayakları tutamayacak hale gelmiş, bir kedi yavrusu misali başını omuzlarının arasına saklayıp, sığınacak yer bulmak için çevresine bakınmıştı. Ardından demediklerini bırakmayan polisler dahi acımıştı küçük kızın haline. "Akraban varsa götürelim," diye sormuşlar, kimseyi bulamayınca da yurda götürmüşlerdi.

Elma ağaçlarıyla dolu bahçenin içinde iki göz odadan çıkan gülücükler, yerini paramparça olmuş bir aileye bırakmıştı. Artık birbirlerinin adreslerini bile bilmeyen, dört yabancı kadındılar...

Derya da Hakkı'nın peşinden İstanbul'a yol almıştı. Tanıştıkları günden bu yana, bir kez olsun eline bir iş almamıştı Hakkı. Para buldukça parklarda arkadaşlarıyla bira içer, bazen arkadaşlarını eve getirirdi. Hakkı'nın arkadaşları Amasra'daki evlerine ilk geldiği gece Derya'nın korkudan ödü kopmuştu. Kendisini mutfağa kilitleyip, sabah amcaoğullarından birini aramış, "Hakkı dün gece sarhoş herifleri eve getirdi," demişti. Amcaoğulları da Hakkı'yı sokağın ortasında dövmüştü. Hakkı bu dayağın utancından mı apar topar İstanbul'a kaçmaya karar vermişti yoksa başka planları mı vardı bilmiyordu Derya.

Eyüp'te tek göz bir ev tutmuştu Hakkı. Karton kadar ince kapısı, nemden kâğıtlaşmış; içerideki rutubet kokusu nefeslerini kesmişti. Geldikleri ilk günler Derya'nın tek işi pencerenin önündeki demir divana oturup, gelen geçeni izlemekti.

Hakkı ise bazen apartman kapısının önünde bazen de kahvehanede bir sigarasını söndürüp, diğerini yakar dumanını üflerken başını yukarı kaldırıp, kafasında hiç bitip tükenmeyen planları örmeye çalışırdı. Hakkı bir yolunu biliyordu geçinmenin ancak Amasra'da amcaoğullarından yediği dayaktan bu yana yeniden cesaret edemiyordu adım atmaya. Ta ki Hakkı'nın sokak ortasında ağzının dağılıp, burnunun kanamasına; edep yeri görününceye dek elbiselerinin yırtılıp konu komşunun ortasında bir çocuk gibi ağlamasına neden olan arkadaşlarından biri bu kez İstanbul'da Hakkı'nın peşine düşünceye kadar. Hakkı, evinin iki alt sokağında kalan kahvehanede buluşmuştu memleketlisiyle. Sabaha kadar kumar masasından kalkmamışlar, kumar parasını aldığı yetmezmiş gibi bir de borç para almıştı Hakkı ondan. Sabaha karşı, oldukları yerden kalkıp sokakta birkaç birayı devirmişler, ardından evin yolunu tutmuşlardı. Aralarında sanki hiç konuşulmamış ama çok eskiden üzerinde anlaşılmış bir sözleşme vardı da bunun için geçiriyorlardı saatleri. Eve vardıklarında, memleketlisi Derya'nın yatağına girerken; Hakkı karışık duygular içinde mutfağa süzülmüş, sesini çıkarmadan beklemiş, ardından yerde sızıvermişti. Derya tüm gece gözlerini bir an olsun ayırmadığı tavana bakmış, yanındaki adamın sabahleyin sessizce giyinip, hiçbir şey söylemeden çekip gidişini izlemiş, sonra Hakkı'nın yerde yatan çelimsiz, çirkin, solgun bedenine saatlerce bakmıştı. Hakkı ise hiçbir şey olmamış gibi giyinip, çıkmıştı evden.

Kahvehanede sabahlıyor, öğlene kadar evde uyuyor, kendisinde bulunan işlere nazlanarak gitse de yine kaytarmanın bir yolunu bulup kahvehanede alıyordu soluğu. O işlerden biri de inşaat işiydi. Ama orada da işten kaytarmanın yollarını arayınca yevmiyesini bile alamadan dönmüştü evine. Hakkı bir gün hem yevmiyesini aldı, hem de bir arkadaşını; tuttu evin yolunu. Sabah uyandıklarında Derya, günlerdir süren suskunluğunu bozmuştu. Ağlayarak, yerde sızıp kalmış Hakkı'yı uyandırmıştı. "Nolur yapma Hakkı, getirme kimseyi..."

Tek göz odada karşılıklı iki divan koymuştu Derya. Sabahları yorganları katlayıp kenara koyar, üzerini örter, çay yapıp divanın kenarına oturur, daracık sokağı izlerdi. Hava güzel oldu mu çoluk çocuk sokakta oyun oynar, seyyar tezgâhları bağıra bağıra sokaktan geçerdi. Özenecek kimsesi yoktu Derya'nın bu sokakta, herkes aynı sefilliği yaşardı. En fazla iki göz odası olanlar, en fazla divanı yerine koltuğu olanlar, ama aynı yerde uyuyup, aynı yerde sofra kurup, üzerlerine örttükleri yorganı bile koyacak yer bulamayanlar...

Alt sokağın pazarına gitmek için akşam saatlerini bekleyen, koca popolu, iri memeli bir sürü kadın ve işsiz, güçsüz, yüzleri siyahlaşmış, elleri kararmış sokaklarda başıboş dolaşan kocaları. Ama kimseyle konuşmazdı Derya. Sanırdı ki evine gireni çıkanı akşamları o evde neler olduğunu bilirdi mahalleli. Bilirdi de... Ama ne kötü bir söz söylemişlerdi şimdiye kadar ne de Derya'ya ilişen olmuştu.

Onların kulaklarına gitmese de apartman merdivenlerinde çekirdek çitleyen genç kızların, birbirlerine kahve içmeye giden yaşlı kadınların tek konuştukları konuydu bu. Bıyıkları terleyen delikanlılar, inşaattan kahvehanenin yolunu tutmuş yorgun ameleler Hakkı'nın gözünün içine bakarlardı, oturdukları yerden.

Derya'nın tek sattığı bedeni değil tüm fahişeler gibi düşüşüydü de... Bir inşaat amelesine, kahvehanede sabahlayan işsize, parklarda başıboş gezen serserilere sadece on on beş liraya üstünlüklerini pazarlıyordu aynı zamanda. Ondan Derya'yı izlemek, onu her an takip etmek, sokağa çıktığında fersiz gözlerinin içine bakmak tüm bir mahallelinin işi olmuştu.

Kadınlar da beş para ödemeden aynı üstünlüğü hissediyorlardı. Her dakika şikâyet ediyormuş üzülüyormuş gibi dursalar da en az Derya'nın yatağına giren erkekler kadar hoşnutlardı durumlarından ...

* * *

Derya, o gün her zaman yaptığı gibi, divanın kenarında çayını içerken, bir yanda bedeninin ona bir müjde vereceğini hisseder gibiydi. Ne zamandır adet olmuyor, canı ilk hamileliğindeki gibi hiçbir şey istemiyor, Hakkı'nın sigarasının kokusundan da bu evin rutubet kokusundan da her zamankinden daha çok tiksiniyordu. Zaman zaman karnını tutup, onunla konuşuyordu. Hakkı gibi çelimsiz, suskun, sessiz ol-

53

masın diye dualar ediyor; güçlü, kuvvetli olsun istiyor, bir dilekmiş gibi ona Efe adını veriyordu. Efe sadece bebeği değil, umuduydu da...

Oysa bebeğini doğurduktan sonra da bir şey değişmiyor, daha sütü kesilmeden Hakkı, "arkadaşlarıyla" evin yolunu tutmaya başlıyordu. Gün geçtikçe bu yaşamdan daha da tiksiniyor; oğlu olduğundan beri de kendini daha güçlü hissediyordu. Onunla oynamak, güldüğünü görmek Derya'yı yaşama daha da bağlıyordu. Artık evini daha sıcak tutuyor, yerleri süpürüyor, camları siliyor, yemekler yapıyor, Efe'yi kah havalara kaldırıp kah yüzünü şekilden şekle sokup güldürüyor; minik bebek güldükçe onun da içini sevinç kaplıyordu. Günlerdir hayaller peşindeydi Derya, elma ağaçlarının süslediği bir bahçenin, iki gözlü bir gecekondunun, geniş sokakların ve sarı ışıklarından huzur süzülen pencerelerin... Bebeğine sarıldıkça o anıları canlanıyor, annesinin ve kardeşlerinin kokusu burnunda tütüyor o aralar kemiklerini inletircesine bir sızı içini kaplıyor, eskiye dönebilmenin arzusuyla çarpıyordu yüreği.

Tüm bunları düşünüp durdukça harekete geçmek için sabırsızlanıyordu. Birkaç gündür Hakkı evden çıkar çıkmaz bebeğini giydiriyor, kucağına alıp yollara düşüyor. Sokak sokak gezip Hakkı'nın onu izlemediğini anladıktan sonra uzaklarda bulduğu telefonla, Amasra'dan bir tanıdığa ulaşmayı umuyordu. Ne var ki o evde olup bitenler, mahallelinin kulağından da dilinden de taşmış, Hakkı'nın gelen giden memleketlileri sayesinde ta Amasra'ya varmıştı. Kimse çıkmaz olmuş Derya'nın telefonlarına, çıkanlar sorularını yanıtsız bırakmıştı. Sanki orada hiç yaşamamışlar, hiç var olmamışlardı. Sahipsiz dört kadını gözü kapalı kovalayan o sokaklar, anılarını da tanışlıklarını da silmişti bir anda. Derya ise başka yolu olmadığından, alınsa da üzülse de kızsa da yılmıyor, aramaya devam ediyordu.

Memleketteki bu bilgelik, Derya'yı korkutuyordu da. Günlerdir evinin karşısında durup gözlerini pencereye diken genç adamın görüntüsü o korkularla kuşanıp, Derya'nın günlerini kabusa çeviriyordu. Genelde evinin hemen karşısındaki nakliyeci dükkânının kapısında sigara içerken görüyordu adamı. Görür görmez de perdeleri kapatıp, salona siniyor, yüzüne dahi bakamadığı bu adamın kim olduğunu düşünüp, duruyordu. Hakkı'dan kaçmaya çalışırken, memleketten gelecek bir belaya yakalandığını sanıyor, dışarı adım atmaya korkuyordu.

Sırf bu nedenle günlerce Amasra'daki akrabalarını aramak için dışarıya çıkamamış, evine kapanmıştı. Bu etrafını saran kabuslardan epeyce sıkıldığı günlerden birinde, bir cesaret perdeyi araladığında delikanlıyı her zamanki yerinde görmedi. Hızla, Efe'yi kucaklayıp sokağa koştu. Soluna doğru yöneldiği anda da genç adamla ilk kez göz göze geldi.

Derya korkularından o an arınır gibi oldu. Hiç tanış gelmiyordu bu yüz ona. Ne memleketten gelecek bir tehlikeye benziyor ne de gecelerini kuşatan belalılarından birine. Bir an duraklayıp ardından hızlıca yürümeye devam etti, yol boyunca birkaç kez ardını dönüp baktı.

Arka sokaktaki bir bakkaldan son umut Amasra'yı aradı. Bu kez şans yüzüne gülmüştü. Teyzekızı, yakarışlarına dayanamayıp ona annesinin Bursa'ya taşındığını söyledi ve kısa süre içinde adresini bulup kendisine ulaştıracağına söz verdi.

Derya o gün ilk kez içi bu denli rahatlamış bir şekilde anahtarı soktu kilide. Evinde, bebeğiyle oynarken annesine kavuşacağı günün hayalini kurdu, Bursa'nın nasıl bir yer olduğunu düşündü. Hayalini geniş sokaklar, temiz ve sıcak evler, konu komşu gezintileri, Efe'nin elinden tuttuğu kısa yürüyüşler doldurdu.

Ertesi gün Hakkı evden çıkar çıkmaz koşar adım sokakların yolunu tuttu. Bu kez sokağın sonuna geldiğinde, daha birkaç gün önce kabuslarını kuşatan o genç adam karşısına çıktı. Siyah saçları hafifçe alnına doğru taranmıştı. Ellerini cebine koymuş, bir duvara yaslanmış, kara kaşlarının altından simsiyah gözleriyle Derya'nın kendisine doğru koşuşunu süzüyordu. Derya'nın ilk zamanlardaki korkusundan eser yoktu; tersine genç adamı bir kez daha görmeyi dilemiş, gördüğünde içi ısınmış birkaç saniye yüreğinin çırpıntısını duymuştu. Genç adamın alıcı bakışları karşısında bembeyaz teni, al yanakları, kocaman ela gözleri, sıkı sıkıya bağladığı simsiyah saçlarıyla belki de ilk kez güzelliğini hissetti. Ardından koşarak girdiği telefon kulübesinden teyzekızını aradı. Annesinin adresini alırken, sevinçten havalara uçtu. Sonra içi içini yiye yiye ablasının halini sordu:

– Kanser oldu. Tek göğsünü aldılar geçen hafta.

– Onun bir adresi yok mu?

– Kocası görüştürmüyor, hastaneye götürdüğünü bile söylememiş kimseye, geçen cenazede görmüş annem, orada söylemiş tek göğsümü aldılar diye.

Derya ağlamamak için tuttu kendini, annesini aramaya koyuldu hemen. Uzaklardan sesini duyar duymaz içini bir sıcaklık kapladı. "Annem..."

Bir süre sohbet etti, ana kız. Annesi Efe'yi o an öğrenmiş ama sevinmemiş, aksine kızmıştı. Derya ise o kızgın sesini umursamadan, durmaksızın yalvarmıştı:

– Anne, al beni yanına yalvarırım, kurtar beni bu adamdan. Bu adam beni karısı yerine koymadı... Bana başka şeyler yaptırdı...

Anasının sesi Derya'nın geceler boyu büyüttüğü tüm hayallerinin üzerine kara bir perde çekecek denli uzaktı. Ya Feride'nin memesiz bedeni...

Az önce aynı sokaktan yüzü güleç koşar adım geçen genç kadın şimdi bir ölü soğukluğunda aynı sokağı dönüyordu. Efe küçücük elini annesinin süt dolu memesine götürüyordu bilinçsizce. "Bunları yaşamasaydım da tek memem olmasaydı, bunları yaşamasaydım da iki memem olmasaydı ya da bir rahmim olmasaydı," diye geçiriyordu içinden. Bunları yaşadığına şimdi elinin altında duran bir et parçasının neden olduğunu düşünüyor o anda da "hiç olmasaymışım," diye tutturuyordu. Eve girip de divana vardığında, pencerenin kenarında duran aynaya uzanıp, kazağının üzerinden memelerine baktı, beline, boynuna, iri gözlerine...

Akşam Hakkı yine arkadaşıyla geldi eve. Derya, bir görevi yerine getirir gibi, dişlerini sıkarak, nefessizce katlandı olan bitene. Günler böyle ağrılı ve yorgun geçtikçe annesini aramak için daha da sabırsızlanıyor, bazen de hiç farkında olmadan camın kenarında saatlerce geçen günlerde yolunu kesen delikanlının yeniden belirmesini bekliyordu. O gün ne delikanlı gelmişti sokağa ne de annesinin verdiği süre çekilir olmuştu artık. Derya, yaşayabilmek için bir umuda sarılmak istiyordu, plansızca Efe'yi kucağına alıp yeniden yollara düştüğünde aslında hissediyordu umutlarının kırılacağını. Hissettiği gibi de oldu, annesi yakarışlarına soğuk ve duygusuzca yanıt verdi:

– Seni yanıma alabileceğim Derya. Ama tek yolu var bunun. Evlendiğim adamın bir oğlu var. Karısı dörttür oğlan doğurmadı. Gel ona karılık yap. Ama tek bir şartları var, oğlunu bırakman.

Derya umutsuzluğun peşi sıra koştuğunu anlamıştı nicedir ya yine de hazırlıksızdı:

– Ana, sen vazgeçebiliyon mu benden... Bak ben yirmi beş yaşındayım, benden vazgeçebiliyon mu, arıyon mu soruyon mu beni yanına almaya çalışıyon mu... Ben nasıl vazgeçerim el kadar oğuldan...

Ardından belki dert yanmak belki de sadece sesini duyabilmek için ablasını aradı bir umut. Telefonda ağlaşırlarken Feride, kocasından dert yanıyordu.

– "Ben yarım karı istemem" dedi, mahkemeye gitti, ne yapacam bu halimle.

– Ya Vesile?

– Yurtta tecavüz etmişler.

Telefonu kapatırken hiç bu kadar kimsesiz hissetmemişti kendini Derya. Daha önce de kimsesizliğine yalnızlığına dem vurmuştu ama hayalinde hep gideceği yerler, sığınacağı kardeşler, analar, akrabalar var sanırdı. Ne komşuları, ne beraber büyüdüğü kardeşleri, ne memleketlileri... Kimsesizdi İstanbul'da, hiç tanımadığı bir kentte, bilmediği bir semtte, kimsenin yüzüne bakmaya tahammül etmediği, herkesin kendisinden iğrendiğini düşündüğü bu sokakta, yapayalnızdı...

Günlerdir, ağlaşıp duruyordu. Başından da biliyordu gidecek bir yeri olmadığını, aslında çabalamasa daha mutlu hissedecekti kendini, çabalamasa birilerinin var olduğunu ama uzakta olduğunu düşünüp rahatlatacaktı içini. Ama ne zamandır, bu gerçekle karşılaşmak istiyordu.

Derya başına gelecekleri hissettiğine inanırdı, ondan büyük felaketlerden sonra sessizce yas tutardı. Yemeden içmeden uykudan kesilir, kendini cezalandırırdı, "neden engel olamadım" diye sorular sorardı hep. Tıpkı ilk bebeğini kaybettiği gün gibi, tıpkı İstanbul'a gelmeye karar verdikleri gün gibi, tıpkı Hakkı arkadaşlarını ilk getirdiği gece gibi...

Ama şimdi yas tutmayacaktı, bir felaketi seziyor ve kendini cezalandırmaya engel olmak için kaçacak tüm yolları deniyordu. Bundan sonra olacaklar karşı konulamayacak gücüyle kaderdi...

* * *

Günler geçtikçe bu sokağa, bu eve, bu gecelere alışabilmenin yollarını arıyordu. Divanın kenarına oturmuş, elinde cımbızıyla kaşlarıyla oynuyordu. Genç kızlığından beri severdi saatlerce ayna karşısında oyalanmayı. Yüzüne bakmayı, kaşlarıyla oynamayı, kimsecikler yokken kalın dudaklarına ruj sürmeyi, gözlerine sürme çekmeyi, yanaklarını kırmızıya boyamayı. Kadınlığı öyle sarhoş gecelerin kenarında, tanımadığı adamların karanlığında, yüzü, sesi, duruşu, giysisi olmadan kenarda sağılan bir et parçası misali duruyordu ki Derya'nın, süslenmek bir oyundan, oyalanmadan öteye geçmiyordu.

O gün de pencerenin pervazına bıraktığı kırık aynaya gömülmüş, camdan yansıyan ışığın altında iri ela gözlerini sürmelemeye girişmişti. Başını ileri atıp, yüzüne bakmak istediğinde aynanın üzerinden sokakta dikilip gölgesini izleyen genç adama takıldı gözleri. Karşı konulamaz bir istekle perdeleri açtı Derya, anlam veremediği bir yürek çarpıntısının peşinde savruluyor ya da yaşamak için bir umuttan diğerine koşuyordu.

Ertesi sabah uyanır uyanmaz saçlarını taradı, ilk kez bir oyun edasında değil esmer delikanlıya göstermek için gözlerini boyadı, dudaklarını, yanaklarını. Bir yolunu bulsa Hakkı'nın bıraktığı haftalıktan biraz aşırabilse, az ilerideki dükkândan kokular alacaktı. Ablasının hastalığını duyduğundan beri olmasaydı diye baktığı memelerinin güzelliği için bir de bluz.

Genç adamı görür görmez perdeleri açıp önüne geçti. Kah birini bekler gibi dışarıyı izliyormuşçasına durdu kah Efe'yi havaya zıplatıp oyunlara koyuldu.

Birkaç gün sürdü bu oyun. Derya, o sabah da perdeleri açıp, Efe'yle oynamaya başlayacaktı ki genç adamın sokakta olmadığını fark etti. Bu oyuna öyle çok kaptırmıştı ki kendini, genç adamı orada görmeyince üzüldü. Sanki sözleşmişlerdi de randevusuna gelmemiş gibiydi adam, öyle hissedip sinirlenmişti. Sonra terk edildiğini düşünmüş, daha da kızmıştı. Ardından genç adamın başına bir şey geldiğini düşünüp kaygılanmaya başlamıştı. Sonunda Efe'yi kucaklayıp, dışarı çıkmıştı. Sağında solunda delikanlıyı araya araya bakkalın yolunu tutmuş, biraz un ve süt için dakikalarca zaman geçirmiş; dayanamayıp bir de koku almıştı yan dükkândan. Umudunu kesip evin kapısına varmıştı ki genç adam belirmişti yanı başında. Delikanlı, "Poşetinizi taşıyım," dediğinde, küçük bir kız çocuğu gibi heyecanlanmış, yüzüne konan gülümsemeyi gizlemek için koşarak uzaklaşmıştı oradan.

Derya, ertesi gün Hakkı'yı erkenden evden kovaladı. Artık Hakkı'yı görmeye dayanamıyordu, "İşin de yoksa bari çık git evden. Git kahvede otur, sokakta gez, ne yaparsan yap, çık bu evden," diye söyleniyordu her an. Hakkı ancak gece yarısı geliyordu, bazen bir kişiyle, bazen iki üç kişiyle. Derya artık alışmış – Hakkı'yı ikna etmeye çalışmayı bırakmıştı. Önceleri kavga ediyordu, daha sonra tatlı dille anlatmaya çalışmıştı. Ama Hakkı'nın bundan vazgeçeceği yoktu, onun da Hakkı'dan başka gideceği kapısı... Yaşamak ikisi için böyle bir görevdi artık...

Hakkı'yı evden kovaladıktan sonra genç adamla karşılaşabilmek için sokağa çıktı. Apartmandan çıkar çıkmaz, kapının kenarında da gördü. Sesini çıkarmadan yürüdüğünde, onun da arkasından geldiğini biliyordu. Genç adam, sokağı döner dönmez yanına varıp, kendini tanıttı.

– Merhaba, ben Emrah.

– ....

– Bir şeyler alacaksanız, poşetlerinizi taşıyım diye geldim. Kapının önünden poşet taşımanın manası kalmıyor.

İkisi de gülüyorlardı. Derya'nın aklına, ne zamandır almak istediği bluz düşmüştü:

– Şuradan bir bluz alacağım.

– Şu dükkândan mı?

– Evet.

– Hangisini?

Derya, dükkânın önünde askılıklara asılmış, mavi bir bluzu gösterdi uzaktan.

– Dün alacaktım, ama kucağımda çocukla, poşetlerle gelemedim.

– Siz bekleyin.

Emrah, bluzu alıp, genç kadına hediye etti. Poşeti uzatırken, ilk kez ellerine dokundu. Yüreğinin atışına engel olamayan Derya, hiçbir şey söyleyemeden koşar adım evinin yolunu tuttu. Ertesi sabah, yeni bluzunu giydi, süslendi. Perdeleri açtı. Emrah'ı görür görmez, nefesi tutuldu. Emrah... sürekli ismini tekrarlıyordu... Emrah... Kafasını yine pencereden yana çevirdiğinde bu kez göremedi genç adamı, diğer yanda kapının sesini duydu.

Emrah'tı kapıda bekleyen. Derya, bir felakete gözlerini karartıp koşarcasına ya da sarhoş adamların sızıp kaldığı yorganların altında yaşlanan kadınlığını hissetmek istercesine, tereddüt etmeden sarıldı genç adamın boynuna, hiç konuşmadan bir oldu bedenleri. Derya, kendini bildi bileli kimseyi istememişti böyle, böyle sevişmemişti.

– Kimsin sen?

– Adım Emrah.

– Başka?

– Başka bir şey yok. Çok güzelsin. Dayanamıyorum. Günlerce bekçi ettin beni evinin önünde. Çok güzelsin Derya...

Bu sözler hoşuna gidiyordu ama tedirgindi Derya. İnanmak istemese de inanası vardı, kafası karmakarışıktı... Emrah'ın arkasından kapıyı kapatırken, gülümsemesine engel olamıyordu Derya. Ne zamandır sevmemişti kendisini böyle. Ellerini, omuzlarına doluyor, Emrah'ın dokunduğu gibi dokunuyordu kendisine. Elleri... Ellerini seviyordu. Emrah'ı ilk gördüğü gün, kırmızı tişörtünden geriye kalan kollarını görmüştü, damarlı kaslı kollarına bakmıştı. Biraz önce yatakta yatarken, kollarını okşuyordu, ellerini alıp yüzünü okşatıyordu, parmaklarını öpüyordu. Kendi ellerini şimdi Emrah'ın eliymiş gibi, vücudunda gezdiriyordu.

Akşam Hakkı geldiğinde, tiksintiyle açtı kapıyı. Yanındakilere tiksintiyle baktı. Saatler önce Emrah'la birlikte uzandığı divana, bu kez bir robot gibi bir görev yapar gibi uzandı, vücudu ölüyü andırırcasına buzlaştı.

Emrah'ın geleceği anı iple çekiyordu Derya. Ama söz verdiği an gelmemişti genç adam. Tam beş gün sonra çalmıştı o kapıyı. Derya, kızmak istemişti önce, bağırmak gelmişti içinden, kapıyı yüzüne kapatıp gitmek gelmişti ama hiçbirini yapamamış, kendini Emrah'ın kollarına bırakmıştı yeniden. Bir ay sürmüştü bu rüya. Sadece onun için süsleniyor, onun için bekliyor, o geldiğinde konuşuyor, ancak onunla yüzü gülüyor, hiç tanımadığı bu adamla, türlü hayaller kuruyordu. Kendisini alıp uzaklara götürmesini diliyor, hiç bilmediği geniş sokaklarda, temiz ve sıcak evlerde Efe'yle birlikte bir ömrün düşünü büyütüyordu.

O gün yatakta yan yana uzanmışlardı. Emrah, bir sigara yakmış tavanı izliyordu, karşı divanda Efe uyuyordu. Yıllar var ki Derya, hiç bu kadar huzurlu hissetmemişti kendini. Emrah'ın boşta kalan elini alıp, kalbinin üzerine götürdü, parmaklarını okşarken, mutluydu...

– Yarın gelmeyeceğim.

– Neden?

– İşim var. Borcum vardı, dükkândakilere, onu ödedim. Para kalmadı. Bana yarın kontör al, gönder. Yokken seni aramak istiyorum.

– Olur.

Emrah, yokken birkaç kez aramıştı Derya'yı. Konuşmuşlardı. Üç gün sonra yine çıkıp gelmişti Emrah. Bu kez borç para istiyordu Derya'dan.

– Ne kadar?

– Ne kadar olursa işte. Borcum var. Vermezsem kötü olacak her şey.

– Nereden bulurum, ne yaparım?

– Kocandan iste.

Derya, o gün Hakkı'dan para istemişti. Hakkı da olur demişti ama tek şartla, o para için daha çok çalışacaktı! Emrah istediği parayı alınca bu kez dört gün görünmemişti ortalıkta. Derya, o yokken köşesine çekiliyor, başını eğiyor, Efe'yle bile oynamıyordu. Gözlerini kapatıp, ellerini düşünüyordu, kara kaşlarının altından bakışlarını, siyah çakır gözlerini...

Dördüncü günü gelmişti Emrah...

– Para lazım.

Yine Hakkı'dan alıp, yerine getirmişti genç adamın isteğini. Verdiği her para için daha çok çalışarak... Çalışmasının da genç adamın isteklerinin de sonu yoktu. Bunu anlaması zaman almıştı. Emrah, son gelişinde yatağın kenarında "Sana para veremem," diye ağlamaya başlamıştı.

– Ulan orospu. Ne paralar kazanıyor... Kocana gelince var da bize gelince yok mu? Bütün mahalle biliyor burada ne döndüğünü. Ya verirsin ya da...

Derya'nın saatlerce tarayıp süslediği saçları genç adamın eline dolanmış; kırmızıya boyadığı yüzü aldığı darbelerden kana bulanmıştı:

"Ya verirsin orospu, ya da ben bilirim yapacağımı," diye tehdit edip gitti Emrah.

Derya, bu hayata bağlanmak için çırpınışlarının bir kez daha yok olduğunu izliyordu olduğu yerden. Betonun üzerinde, kımıltısız, ağlak, darbeli, çaresizdi. Bebeği az ileride divanın üzerinde olup bitenlerden haberdarmışçasına çığlık çığlığa ağlıyordu. Kollarından güç alıp doğrulmaya çalıştı, yüzünün halini görmek için pencerenin kenarındaki aynaya ulaştı, gözlerindeki yangına al yanaklarındaki kana, yüzündeki şişliklere yakından baktıkça içi yandı. Başını ileriye attığında, aynanın üzerinden sokağın karşısında bekleyen Emrah'ın gamsızca sigara içişine takıldı gözleri.

* * *

Akşam olunca bu kez Hakkı'nın erkeklerini ağırladı. Boyasız yüzünün, soğuk bedeninin, cansız sevişmelerinin önemi olmadığı gibi şişmiş gözlerinin, patlamış dudaklarının, morarmış etinin de önemi yoktu.

Ertesi gün Emrah, yine Derya'nın kapısına dayandı:

– Buldun mu para?

– Sana söyledim, yok para mara. Bırak artık peşimi.

– Ya parayı bulursun, ya da kocana söylerim. Onu da oğlunu da öldürürüm.

Derya, korkmuyordu Hakkı'dan ya, yine de vermişti istediği parayı. Ama ne tehditlerin, ne dayakların, ne de tecavüzlerin sonu gelmemişti. Yaşadıklarından daha fazlasını çekmişti sevdiği adamdan. Kâbus gibi geçen günlerin ardından, kendisi söylemeye karar vermişti olup biteni. Hakkı'yı misafirsiz ve ayık bulduğu o gece yarısı, uzandığı yataktan gözlerini tavana dikmiş, tepkisizce anlatmaya koyulmuştu:

– Hakkı ben bir şey yaptım. Çok pişmanım.

– ....

– Bir adam vardı. Ama şimdi... Kaçmamız lazım Hakkı, kaçalım buralardan. Yoksa çocuğumu da seni de öldürecekler. Ben napacam bir başıma...

Hakkı, Derya'nın birisiyle görüştüğünü biliyordu, ama bilmezden gelmek istiyordu. Hatta hiç görmediği, tanımadığı sadece varlığını hissettiği bu adamı neredeyse kabullenmişti. Ondan öğleye kadar yattığı evden sabahın köründe çıkar olmuştu. Nedenini bilmeden olan bitene göz yummuştu. Zaten neyi nasıl yapacağını bilemezdi. Bu işi de ilk aklına Amasra'da parkta içtiği çocuklar sokmuştu. Hem de beş altı bira karşılığında. Hakkı "tamam" demişti ama hem Derya'nın çığlıklarından, hem de ertesi gün kayınlardan yediği dayaktan gözü korkmuştu. İstanbul'a gelene kadar, bir daha yanaşmamıştı böyle bir şeye. Ta ki park arkadaşları İstanbul'da da yakasını bırakmayıncaya dek... Üç dört birayı devirip eve geldikleri gün, Derya'nın sessizliği daha da cesaretlendirmişti onu. Kahveye gidiyordu sabahları. Bir kere inşaatta çalışmıştı İstanbul'a geldiğinden beri. Onda da iş bitiminde yevmiyesini alır almaz, gün boyu beraber çalıştıkları adamın yanına gidip "eve gel istersen, ama alırım yömyenin yarısını," demişti. Bir daha da çalışmamış, kahvede oturup gelen gidenle göz göze anlaşıp evin yolunu tutmuştu. Bu adamı da hemen hissetmiş ama sessiz kalmayı yeğlemiş, karşılaşmayı dahi istememişti. Demek o adam şimdi kendisini öldürmeye niyetliydi. Hem kendisini hem de oğlunu.

Korkuyordu.

Divanda, kollarını bağlamış, boynunu bükmüş bunları düşünmüştü Hakkı. Sabahın ilk ışıklarında da saatlerce kendinden geçercesine ağlayan Derya'ya döndü.

– Hepsi benim suçum, söz veriyorum düzeltçem, n'olur...

Derya da korkuyordu Emrah'tan. Yediği dayaktan beri, korkuyordu ondan. Onun oğluna zarar vereceğinden endişeleniyor, Hakkı'nın da endişelenmesi için tehditlere onu da katıyordu. Sabah olduğunda Hakkı'nın gitmesini istememişti bu kez. Ama Hakkı gitmişti, işi olduğundan değil, korkusundan. Bu kez kahveye de gitmemişti, hızla sokakları geçip, bir minibüse atlamış, bilmediği bir sokakta kahveye girip, saatlerce izlemişti yoldan geçenleri. Aynı saatlerde Emrah, yeniden dayanmıştı Derya'nın kapısına. Bu kez evi darmadağın etmiş, divanın altında bulduğu paraları alıp tehditler savurarak, çıkmıştı evden:

– Yarın yine geleceğim.

Hakkı, evin o halini görünce iyice ikna olmuştu kaçmaya.

İki gün içinde de Maltepe'de bir dükkân, iki arka sokağında da küçücük bir ev bulmuştu. Akşam vakti, kimseye görünmeden sadece birkaç parça eşya alıp bindikleri taksiyle uzaklaşmışlardı mahalleden.

* * *

Derya, yeni bir hayata başlayacağı için mutluydu. Gece yarısı varmışlardı yeni evlerine. Hava sıcak olmasına karşın, ev soğuktu. Yanına, iki yorganını da almıştı Derya. Birini yere serdi, diğerini de üzerlerine. Farkında olmadan Hakkı'ya sarıldı, uykuya dalmak için. Ne zamandır dokunmamıştı ona. Dokununca da hiçbir şey hissetmediğini fark etti. Onu koca dünyada yanında kalakalmış tek bir beden gibi görüyordu. Hakkı ise türlü pişmanlıkları sırtında hissediyordu.

Sabah uzun süre evden çıkmak istemediler. Perdeleri sıkı sıkıya kapayıp, sessizce oturdular. Efe ara sıra ağlamasa, kulaklarını kaplayan uğultu hiç dağılmayacaktı.

Hakkı, birkaç gün sonra dükkânı açmaya başladı. İlk işi cama gazete kâğıdı kaplamak oldu. Önceleri tamirat var diyordu, sonra ara sıra cama 'müşterideyim' yazılı bir not bırakıyor, kapıyı kilitleyip karanlıkta saatlerce oturuyordu. Derya ise hayallerindeki gibi temiz, geniş bir ev olmasa da seviyordu burayı. Hayalindeki geniş sokakları olmasa da içi ısınmıştı mahalleye. Komşuları olsun istiyordu, geçmişini bilmeyen kadınlarla kahve içmek, pazara gitmek istiyordu. Süslenip dışarı çıkmak, bebeği kucağında sokağı gezmek, nefes almak istiyordu.

"Salıları pazar kuruluyor Derya, oraya git istersen," dediler. Üç haftadır her Salı pazara gidiyor, en çok pazara gitmekle hanımlığın tadını alıyordu. Döndükten sonraları pazar poşetlerini tek tek katlayıp çekmecelere diziyor, güzel poşetlerini düzeltip divanın altına koyuyordu. Yemekler yapıyor, masanın başında kocasını bekliyordu. Hakkı ise onun kadar çabuk alışamamıştı yeni düzene. Boyacılık yapacaktı bu küçük dükkânda ama gelen ilk işleri hemen başından savmış, camlarına gazete kâğıdı yapıştırdığı dükkândan bir türlü çıkmak bilmemişti.

Üç hafta geçmişti böyle. Günlerden Salı'ydı. Derya pazara gitmeyi iple çekiyordu. Ona normal bir hayatı yaşama hissini veren şeylerdi pazara gitmek, yemek yapmak, evi süpürmek, saçlarını taramak... Pazara gitmek için akşamüstünü bekledi, sonra oğlunu yanına alıp çıktı. Bir şeyler aldıktan sonra, ilk kez Hakkı'nın dükkânına gidecekti. Pazardan çıkmıştı ki bir el, saçlarından geriye bedenini çekti. Karşısındaki Emrah'tı. Kulağına fısıldadı Emrah: "Parayı getir orospu, yoksa o dükkânı da evi de başınıza yıkarım."

Derya, elinden saçılıp sokağa dökülen eşyaların üzerine basa basa Hakkı'nın dükkânında aldı soluğu. Emrah'ın peşlerine düştüğünü öğrenen Hakkı, "Ben para vereceğim Derya. Eğer onu yine görürsen, eve çağır, beni beklemesini söyle," dedi.

Korkarak eve koştu Derya, apartmanın kapısını kapatırken genç adamla yine yüz yüze geldi ve akşam eve gelip parasını almasını söyledi.

Sokağın başında bekleyen Emrah, akşam olur olmaz evde aldı soluğu. İçeri girdiğinde ilk kez bu kadar yakından gördü Hakkı'yı. Kahvede ya da sokakta gördüğü anlarda Hakkı ona hep sessiz, korkak, çekingen, çelimsiz biri gibi gelirdi. Oysa şimdi, çatık kaşlarının altından kıstığı gözlerinden alevler fışkırıyordu Hakkı'nın. Vücudunu saran ateş, boynundan yüzüne doğru tırmanan kızarıklıkla etrafını yakıyordu. Omuzlarını geriye atmış, kollarını iki yana sarkıtmış, başını hafif eğmiş, nefret bakışlarıyla ürkütmüştü Emrah'ı.

Böyle ummamıştı Emrah, hazırlanmıştı, "Sizi öldürürüm!" diye tehditler savuracak, parasını alıp gidecekti. Oysa kimseyi öldürmemişti şimdiye kadar Emrah. Mahalle kavgalarından başka kavgalara karışmamıştı. Arkadaşlarına takılıp dükkânlardan küçük hırsızlıklar yapmıştı, ama iki kez yakayı ele verince ona da tövbe etmişti. Çalıştığı nakliyeci dükkânında duymuştu Derya'nın fahişeliğini, Hakkı'yı öyle çelimsiz görünce de genç kadının sahibi olmayı dilemişti. Kurduğu çocukça plan kusursuzca işleyip Derya'yı kendisine âşık ettiği anda doymak bilmez iştahının esiri olmuştu. Oysa daha yirmi iki yaşındaydı ve Derya'nın kurduğu gibi hayaller kuruyordu. Temiz evlerin, geniş sokakların, ak saçlı dedelerin ve plastik toplarla oynayan çocukların olduğu hayalleri... Ne polisten ne de babasından dayak yemek istemiyordu artık, ne ablasının ne de annesinin ittirip kaktırmasını duymak istemiyordu. O da hayallerine Derya'nın verdiği paralarla kavuşmuştu, yaz sıcağına rağmen üzerine giydiği deri cekete, bir garsona "koçum rakı getir" demeye, pavyon köşesinde de olsa bir kadının güzel bakışlarına...

Hakkı ise tüm gün ne yapacağını düşünmüştü. Karşısına çıkan adama biraz para verip, yollayacaktı. Eğer Derya'yı istese, belki onu da verip, canını bağışlamasını bekleyecekti. Belki hiçbir şey olmayacak, kimse gelmeyecekti. Ama karşısında böyle sinmiş, küçük bir çocuk göreceğini hiç düşünmemişti. İri yarı, kelli felli, kallavi bir adam bekliyordu. Adamları olan, mafya tipli, onu da Efe'yi de öldürebilecek, belki bütün mahalleyi yakabilecek bir adam gelecek sanıyordu. Derya, hep ona kendisinden güçlü görünmüştü. Derya'nın bunca acıyla ayakta durabilmesine şaşıyordu. "Benden akıllıdır Derya," derdi. "Benden güçlüdür." Bazen Derya, ona fırça attığında buna sesini çıkarmazdı. Bazen akıl verdiğinde dinlerdi. Ağlamak istediğinde yine gider Derya'nın göğsünde ağlardı. Kendini hep beceriksiz, işe yaramaz, kafası çalışmaz, güçsüz bir aptal olarak görürdü. Hayatında eline ne alsa tüketmişti. Derya'yı da tükettiği gibi. Demek Derya, gidip bu çocuğu bulmuştu. Demek bir çocuğa kaptırmıştı gönlünü. Demek bir çocuktan kaçmıştı günlerce. Bu çocuk yüzünden sıkışmıştı, küçücük bir fare deliğine. Hakkı şimdi kendisini çok daha iyi hissediyordu. Günlerdir yaşadığı korkudan eser yoktu. Belki de, kendisini hiç bu kadar güçlü görmemişti. Yaşananların tüm hıncını bu çocuktan almaya kararlıydı.

Emrah, şaşkındı ama geri adım da atamıyordu. Divanda her şeyden habersiz yatan bebeye takıldı gözü. Efe'yi alıp, Hakkı'ya döndü.

– Ya paramı verirsiniz, ya da öldürürüm bu çocuğu.

– Paranı vereceğim, bırak çocuğu. Derya çocuğu al, otur koçum şöyle.

– Paramı almadan çocuğu vermem.

Hakkı, cebinden bir tomar para çıkarıp Emrah'a uzattı. Derya da bebeği almak için uzandı. Emrah, biliyordu her şeyin bu kadar basit olmadığını. Aslında bebeği de bırakıp kaçmak istiyordu kapıdan. Ama arkasını dönmeye dahi korkuyordu. Uzanıp parayı aldı. Gözlerini Hakkı'dan ayırmadan bebeği Derya'ya verdi. Kendini güvende hissetmiyordu. Hakkı'ya bir yumruk atıp, o yere düşünce kaçacaktı. Sırtını dönmeye korkuyordu.

Bebeği verir vermez, Hakkı'ya bir yumruk salladı. Boğuşmaya başladılar. Hakkı, kapının önünde duran boş tüple Emrah'a vurdu.

Hakkı, elindeki tüple genç adama vuruyordu, Derya ise bir demir çubukla. Kaç kez vurduklarını ikisi de bilmiyordu.

Hakkı'nın baktığı yerde Emrah'ın cansız bedeni yerine bazen memleketinde onu sokak sokak gezdiren Derya'nın amcaoğulları, parkta sabahlarken karısına sulanan serseri arkadaşları, beş parasızlığına tiksinerek bakan kahvehane sakinleri beliriyor; bazen de karısı yataktayken mutfakta sindiği, kapı önünde para saydığı, sabahladığı kahvehane tuvaletinde başka kadınlara dokunduğu halleri görünüyor, o tüpü olanca hırsıyla onlarca kez yeniden kaldırıp, yeniden indiriyordu.

Elindeki demir çubukla Emrah'ı lime lime olmuş bedenine vurmaya devam eden Derya ise baktığı yerde bazen fısıltıları kulağında çınlayan mahalleli kadınları, ona sırtını dönen memleketlilerini, Vesile'ye yurtta tecavüz eden diğerlerini, ablasını sokağa atan eniştesini, annesini kendilerinden çalan o adamı, üstüne çullanan sarhoş herifleri; bazen de o sarhoş heriflerin altında ses çıkarmadığı, pencereden genç adama göz süzdüğü, boynuna sarıldığı hallerini görüyordu.

Ta ki genç adamın esmer, güzel, uzun parmaklarının eklendiği ellerini görene kadar...

Bir çığlık attı önce...

Ardından yere oturup, birkaç zaman öncesine kadar kendi ellerini onunmuş gibi vücudunu sarıp yokluğuna deliler gibi nasıl ağladığını anımsadı.

Adamın kolundan ayrılmış, elini aldı.

Âşık olduğu eli bir canavarın pençesinden kurtarmışçasına mutluluktan gülümsedi.

Kana bulanmış parmaklarını tek tek okşayıp, boynuna oradan dudaklarına götürüp öptü.

Elini kollarından yaptığı beşiğe koyup yalnızca bebeğine söylediği ninnileri mırıldandı.

Hakkı, yaşarken umursamadığı bu adamın ölüsünü delicesine kıskanarak, ağlamaya başladı.

Aralarında genç adamın yakışıklı eli, sarıldılar...

Hakkı, sabahın ilk ışıklarıyla, apartmanın zemin katında bulunan ve eskiden kömürlük niyetine kullanılan bölmeleri gezdi. Bir kürek, belki bir kazma, cesedi yok edecek bir şey aradı. Gözüne paslı, eski bir testere ilişti. Genç adamın kollarını, omuzlarını, ellerini, gövdesini... Tek tek parçalara ayırdı.

Derya, mutfağa girip poşet aramaya koyuldu. Birbiri içine

saklanmış poşetleri, koltuğun altına katlayıp koyduğu poşetleri, normal bir hayatın ilk işareti pazar poşetlerini... Önce kaç geceler yüzünü okşadığını düşündüğü ellerini yerleştirdi içine, ardından dirseklerini, omuzlarını...

Buz gibiydi.

Soğuk ve ıslaktı...

Birbiri içine koyup bağladığı poşetleri mutfak tezgâhının altına dizdi. Büyük parçaları banyoya. Halıyı bahçeye taşıdı. Kanlar içindeki yeri silmeye başladığında çoktan sabah olmuştu. Hakkı bir poşeti alıp, evden çıktı.

Derya saatlerce evi yıkadı. Bahçeye çıkardığı halıyı yaktı. Yeniden eve girdiğinde dayanılmaz bir koku hissetti. Başının ağrısından duramadı. Koltukları temizledi, gün boyu bir oraya bir buraya koşturdu durdu.

Saatler sonra birden, çekyata yığıldı. Oracıkta, kıvrıldı durdu.

Hakkı, elindeki poşetle uzun süre yürüdü. Sonra bir taksiye bindi. Pencereyi açtı, dayanamadı, indi. Yürüyerek, sahile vardı. Kimseye görünmeden elindeki poşeti denize attı. Dükkânına gitti.

Emrah artık yoktu ama eskisinden daha çok korkuyordu. Ne zaman bu kadar kötü olmuştu, ne zaman katil olmuştu... Ne zaman bir kadına bunları zorla yaptıracak, üstüne bir çocuğu öldürecek kadar lanetlenmişti. Yerinde duramıyordu. Önce cama yapıştırdığı gazete kâğıtlarını söktü, ardından nalburdan bir sürü boya aldı. Fırçalar, çiviler... Dükkânın camlarını sildi, yerlerini yıkadı. Akşam çöktüğünde çok yorgundu.

Evin kapısını çaldı, ama açan yoktu. İçeriden Efe'nin ağlama sesi geliyordu. Korktu, kendi anahtarlarıyla içeriye girdi. Derya, yerde hareketsiz oturuyordu. Saçı başı dağılmış, sesi kesilmiş, gözlerini kırpmadan yere bakıyordu.

Hakkı önce Derya'nın üzerindeki mavi bluzu çıkardı, ardından pantolonunu. İç çamaşırlarını. Yeni elbiseler getirip, bir bebeği giydirir gibi giydirdi Derya'yı. Çekyata taşıyıp, üzerini örttü.

Günler böyle geçti...

Yedinci günün sonunda bir umut Derya'nın kulağına fısıldadı:

– Gidelim mi buralardan, Amasra'ya dönelim istersen...

Derya, ilk kez bir tepki verdi. Divanın altından Vesile'nin fotoğrafını çıkarıp, göğsüne bastırdı. Gözlerini kapatıp, anılarına daldı.

Hakkı, ağlamaktan kıpkırmızı kesilmiş, susuzluktan ve açlıktan kavrulmuş oğluna uzandı sonra. Onu temizledi, üzerini çıkardı, süte ekmek doğrayıp yedirmeye çalıştı, uyuttu. Gözünü kırpmadan sabahı bekledi.

Gün aydınlanır aydınlanmaz bir poşeti daha aldı. Yine uzak yerlere gitti, elindeki poşetten kurtulunca dükkânın yolunu tuttu. Birkaç kez camdan bakarken Emrah'ın geçtiğini sandı, korktu, korktukça başını iki elinin arasına alıp, gözlerini kapattı. Aklından Emrah geçtikçe, kendi delikanlılığına daldı.

Aklından anası geçti, babası, kardeşleri, park maceraları, gençliği, içtiği biralar, İstanbul yolları...

Eline sayılan paralar, mutfakta Derya'yı beklerken kulaklarını tıkamalar, kusmalar, yumruklarını geçirdiği duvarlar... Bu yokluklar, yoksulluklar...

Yedinci günün sonunda, Hakkı dükkânda otururken polis geldi.

Hakkı hiç sesini çıkarmadan yürümeye koyuldu, peşinden polisler.

Bir süre yürüyüp, Cennet Apartmanı'nın önüne geldiler. Merdivenleri indikçe derinleşen bir koku çarptı yüzlerine.

Hakkı, anahtarıyla kapıyı açtı.

Açılan odada saçları darmadağın, üstü başı kir içinde, uzaklara dalmış duruyordu Derya.

Beşik yaptığı kollarının arasında kopuk bir el,
dilinde yitik bir ninni,
ayaklarının altında ağlayan bir bebek vardı.

Derya da Hakkı da adam öldürme suçundan
cezaevine girdi. Ayrı cezaevindeler. Çocuklarına
babaanne bakıyor.

Derya boşanmak istedi ama hem eşinin özürleri
hem de tehditleri nedeniyle boşanmadı. Hâlâ evliler.
Cezaevinden çıktıktan sonra da evliliğini devam
ettireceğini söylüyor.

Annesi ve kız kardeşleri hiç ziyaretine gelmedi.

Onları bir daha görmedi.

BANYO

– Aaaaydi anacım, su bitecek çık artık.
– Sultaaaan, buranın boklu sabunuylan kime kokacan.
– Kıııız bi saat oldu.
– Yeter be susun artık!

Kaynar suyun acımadan vücudundan süzülmesini izliyordu Sultan.

Su damlacıklarının göğsünün ucuna, göbeğine, kasıklarına, bacaklarına usulca akışını...

Kadınlığına hayran hayran bakıyor, elleriyle bedeninin her santimini usulca okşuyordu. İki eli iri göğüslerini sıkıyor, karnını okşuyor, kasıklarında buluşuyordu. Ne yaparsa yapsın, bir erkeğin dokunuşları kadar hazzetmiyor; teninin soğuk, duygusuz duruşu onu çıldırtıyordu. Kaç yıl var ki dokunmamıştı kimse bedenine, kaç yıl daha dokunmayacaktı. Duvara yansıyan gölgesinden bedeninin duruşunu tahmin etmeye çalışıyordu. Hınçla, göğüslerine bakıp alnını fayanslara dayadı, kalçalarına, bacaklarına vurdu...

İçinde yanan ateşe bedeninin bu derece kayıtsız kalmasına çıldırıyor, elleri kadınlığına ulaşamıyordu. Bir metrekarelik bölmeyi saklayan ucuz naylon perdeden dışarıda bekleşen gölgeleri izledi bir süre. Geceler boyu içini kasıp kavuran alev topunun yavaş yavaş uzaklaştığını fark etti o an. Çaresiz, dizlerinin üzerine çöküp, kovadan bir tas suyu döktü başından aşağı.

Üşüyordu, dişlerinin birbirine değmesine, karnının kasılmasına engel olamıyordu. Gözlerini kapayıp, buraya gelmeden önce yaptığı son banyoyu anımsadı. Perdeye yansıyan gölgelerle dakikalardır konuşuyormuş gibi "Ben hayatımda öyle banyo yapmadım arkadaş," dedi, sesizce.

"Tam dört buçuk yıl sonra ve o günden önce yaşanmış yirmi beş yıl boyunca öyle banyo yapmadım..."

Kadınlığını, çıplaklığını, arzularını, bir anlığına bir başkasına, Emre'ye, aitmiş gibi duran ellerini, gözyaşlarını, pişmanlığını, yalnızlığını, "acaba"larını sakladığı bir metrekarelik sığınağından istemeye istemeye çıktı. Banyoları birbirinden ayıran duvara uzanıp, havluyu aldı.

Derin bir nefes alıp sağ eliyle hızlıca açtı perdeyi, uzun ince kırmızı ojeli parmaklarını salladı kalabalığa,

– Ne dırdır ettiniz be!

Belki hal bilmekten belki dört buçuk yıllık tanışmışlıktan kimse ses çıkarmadı Sultan'a. Terliklerini yere sürte sürte koğuşa gitti.

Dolabını açtığında, kapağa yapışık yer yer simleri dökülmüş, kararmış aynaya takıldı gözü.

Aynaları seviyordu, aynalara bakmayı...

Çok sabahlar dolabın başında yüzüne bakarken bulurdu kendini. Yüzünü inceler, dudaklarını büzüştürür, ruj sürer, renkli renkli farlar üzerinden gözlerine sürmeler çeker, göz kapaklarını kısıp aynaya yukarıdan bakar; sonra bir oyun başlar, kendi halinde yanaklarını şişirir, göz bebeklerini şaşı yapar, dilini çıkarırdı. Yüzüne ince içten çocuk bir gülümseme yerleşir, o ara aynanın sağ tarafında belirirdi Emre.

Şimdi olduğu gibi...

Ardını dönüp onu orada gerçekten görmeyi isterdi, elini uzatsa ulaşmayı dilerdi. Hiç durmadan onu izlerdi, gözlerinin rengini, dudaklarının şeklini, içine çökmüş yanaklarını, omuzlarını, genişçe gövdesini, kendisininki gibi uzun ince ellerini...

Ne zamandır gözlerini kapattığında artık Emre'nin yüzünü anımsayamıyordu. Bir hayal için, bir damla Emreli hayal için yansımayı nefessiz süzdü. O an gözlerindeki ateş söndü, içindeki fırtına dindi, Emre'nin sözleri kulağında çınladı.

"Sultan, kötü bir his var içimde. Bugün bir şey olacak sanki..."

Ankara'nın her daim sisli ve kömür kokan gecekondu mahallesinde, Hüseyingazi'de; bahçe içinde beyaz boyalı, sobalı, derme çatma gecekondudaki odasında, yer yatağında söylemişti bu sözleri ona Emre. İçinde kıvranıp duran duyguların adını koyamamıştı onu dinlerken. Başını genç adamdan yana döndüğünde, Emre yüzünü avuçlarının arasına alıp alnından öpüvermişti. Sultan ise yanıtsız kalmıştı o içten sevgi gösterisine.

Oysa ne geceler vardı ki; o yer yatağında, üzerine serdiği yorganın altında Emre'nin avuçlarının yüzünü sardığını anımsayarak ısınmıştı, ne yolları saatlerce onu düşünüp de hızlıca geçmişti. Şimdi, hayalini kurduğu o ellerin arasında karmakarışık duygular içindeydi.

Çok severdi Sultan, çok sevmişti. Ama sevgisini gösterme konusunda hiç de cömert değildi. Seni seviyorum kaç kez demiştir acaba? Teşekkür edememek, rica edememek, isteyememek, sevememek, şımartamamak, şımartılamamak gibi öğrendikleri vardı. Polis babası ve ağabeyinin erkek gibi büyütmeye çalışırken öğrettikleri vardı. Oysa basbayağı bir kadındı Sultan. Her şeyiyle dişiydi. Uzun ince parmaklarıyla, uzun boynuyla, sürmesini eksik etmediği gözleriyle, esmer teniyle, ayva göbeğiyle, memeleriyle, bacaklarıyla, kalçalarıyla ama her şeyin başında duygularıyla basbayağı bir kadındı Sultan. Sevgileri, aşkları, arzuları, hırsları o öğretileri katbekat aşıyordu. Duyguları ve öğrendikleri, içinde çarpışıyor, savaşa tutuşuyor, bazen biri birini bazen de diğeri öbürünü yeniyordu.

Gecenin o saati de öyle bir savaşın içindeydi Sultan.

Oysa az durup dinlense, içindeki intikam ateşini biraz serinletebilse belki...

Belki...

Keşke...

Dolabın aynasında Emre'nin yansıması giderek kaybolurken o da kendi kendine bunları düşünüyor ve tekrar ediyordu: "Keşke..."

Dolabı kapattı, etrafını izledi.

Koğuşta bugün banyo günü.

Sıcak suyun verildiği haftanın tek günü.

Lavantalı, çilekli, elmalı sabun kokuları, şampuan kokularına karışıyor; hamamdan terlikle gelen su yavaş yavaş yerdeki mozaik kaplamanın üzerini kaplıyor, kadınlar telaşla kurulanıyordu. Sultan onları izlerken hemen hemen hepsinin içinden keşke diye geçirdiğine inanıyordu. Ne de olsa cezaevinde bir evin sıcaklığını anımsatan tek yerdi hamamdaki duşluk. Ve hepsinin içinden geçirdiği keşkeleri, en az tenlerindeki ıslaklık kadar tazeydi. Sultan bu inancının verdiği huzurla kalabalıkta kayboldu, türlü sohbetlerle, aslında hiç de merak etmediği sorularla meşgul olup Emre'nin hayalini kovalamaya çalıştı.

Olmadı.

Musallat olmuştu ya bir kere Emre.

Başını çevirdiği ranzanın yatağında,

Yatağın üzerine serili çarşafta,

Ötede giyinen kadının sırtında,

Duvarda,

Tavanda...

Her yere sinmişti hayali. Her yerde sesi, nefesi, gözleri...

Ah kokusu...

O gecenin soğuğunu bile hissediyordu şimdi Sultan. Yer yatağında çorapsız ayaklarına, oradan karnına, tam burnunun ucuna değen soğuğu. Öyle kızgındı ki Emre'nin bedeninden sırtına değen sıcaklığa bile direniyor ona dönüp sarılmayı reddediyordu. Ne de olsa az önce üzmüştü onu Emre, hatta ondan da önce, haftalar önce...

Eskiden onun kendisini ne de çok üzdüğünü düşünse, daha 17'sinde görücü usulü evlendirildiği kadar üzmediğini düşünürdü en azından. 5 yıllık evliliği kadar üzmediğini, baba evine dönmek istediğinde iki oğlunu da kocasına bırakmak zorunda kaldığı kadar üzülmediğini...

Çok eskiden, daha ilk tanıştıklarında Emre, tezgâhtar olarak çalıştığı mağazaya bir gelip birkaç hafta gelmediğinde de üzülürdü Sultan. Ama dayısının oğlu ile yaptığı ikinci zoraki evlilikteki kadar üzülmediğini düşünürdü, bu kez tek oğlunu da bırakıp yine babaevine döndüğü günkü kadar üzülmediğini...

Bilakis eskiden ne çok mutlu ettiğini düşünürdü Emre'nin kendisini. Bembeyaz kar altında Ankara'da saatlerce yürüdükleri gibi, el ele tutuştukları gibi, yağmur altında ıslandıkları gibi, evlenmeye karar verdikleri gibi, kendisini istemeye geldikleri günkü gibi...

Evlerini tuttukları gün de mutluydu, sabahtan akşama kadar ayakta çalıştığı mağazadan çıkıp da evine gidip parmakları yara olana derisi soyulana dek çamaşır sularıyla temizlik yaptığında da mutluydu, aldığı üç kuruşu kenara koyup evine bir şeyler almak için yemeğinden bile arttırdığı zamanlarda da mutluydu.

Ne zaman ki bir sabah işe giderken kadının biri karşısına

çıkıp da "bırak kocamın peşini," diye ağlamış, ne zaman ki Emre'nin aslında evli olduğunu öğrenmiş o zaman bir kenara bırakmıştı bu boş avuntuları.

Terk etmişti Emre'yi.

Oysa bir aşk terk ettim deyince terk edilemiyordu. Sokak ışığında dans eden kar tanelerinden, pencereden dolan sabah güneşine kadar her yerdeydi aşk. Öyle çoktu ki aşk. Ruhundan, sürmeli gözlerine oradan nasırlaşmış parmak uçlarına kadar taşıyordu.

Şimdi bu kalabalık koğuşta bile peşinden kovalıyordu aşk, Emre'nin dört bir yana musallat olmuş hayaliyle.

Kaçabileceği yer kalmamıştı Sultan'ın.

Yatağına sindi.

Yorganı başına kapadı, dizlerini karnına çekti, kollarıyla gövdesini sardı.

Gözlerini kapadı, Emre'yle seviştiğini düşündü, ısındı.

Sonra kendinden utandı.

Kızdı.

Tam dört buçuk yıldır bu koğuşta bir hayalle kavga ediyordu. Tam dört buçuk yıldır her gece gözlerini kapatıp da Emre'yi andığında kendisine lanetler yağdırıyor, kızıyor, utanıyor, sözler veriyordu. Sanki karşısında küçük bir kız çocuğu varmış gibi anlatıyordu tane tane. Yeniden yeniden yeniden anımsıyordu olan biteni ve tüm yaşanmışlıkların adına bir daha onu anmamaya söz veriyordu.

O kadın, Emre'nin karısı, karşısına çıktığında böyle sözler vermeye başlamıştı Sultan. Odasında çekyattan bozma yatağında oturmuş, günlerce camdan dışarıyı izlemişti. Ardında bitirdiği iki evlilik, göremediği üç çocuk ve umudu tükenmiş bir aşk bırakmıştı. Hepsi birden omuzlarına çökmüş, camdan geçip giden insanları seyretmiş, hayatlarının nasıl olup da böyle basit, durağan, düzenle akıp gittiğine şaşırmıştı. Sonra da yavaşça merak ettiği o sokak dinginliğinin içine atmıştı kendini. Önce bakkala, sonra komşulara...

Ama Emresiz kalabalıklar, insanlar, sesler arasında boğulmuş, eline ne geçse parçalamak istemiş, geceleri yatağında bedeninin gözeneklerinden yayılan genç adamın kokusundan uyuyamamıştı.

Ne komşulara sığmıştı Sultan ne de ona bu tek düzeliğin tadını veren diğer yaşanmışlıklara. Sokaklara çıkmıştı, öğlenleri akşam çökünceye dek adressiz yürümüş, Emre'yle karşılaşmayı dilemişti. Gölgesine eşlik eden gölgeleri gözlemiş, her birini Emre'nin omuzlarıyla başıyla karşılaştırmış, onlardan birinin genç adama ait olmasını istemişti.

Emre işte tam da böyle bir zamanda çıkmıştı karşısına. Bir akşamüstü, sokakta. Belli ki planlıydı bu karşılaşma. Ne zamandır uzaktan gözlediği Sultan'ın karşısına çıkmayı ummuştu Emre. Ama yapamamıştı. İçinde büyük bir öfke vardı kendine karşı; nefret, en kötüsü de utanç. Utancından ne diyeceğini bilemezdi.

Ama şimdi hazırlıklıydı. Bu karşılaşmaya hazırlanmıştı. Bu karşılaşma için pek çok şeyi ardında bırakmıştı. Ardında bırakmak ona göre değildi. Bağımlıydı hayatta kurduğu ilişkilere. Onlar bırakmadan bırakamazdı. Tek tek bırakmalarını bekledi, izledi; izlerken ezildi. İçindeki duygular katbekat arttı. Bu karşılaşmaya gelebilmek için yapayalnız kalmayı bekledi. Babadan, yardan, evlattan geçti de geldi.

Ama yine de cesaret bulamadı. Kendini anlatabilecek kelimeleri bilemezdi. Sevgisini söyleyebilecek hiçbir kelimeyi öğrenmemişti. Sevdiğini ancak avuçları arasındaki sıcaklığı, Sultan'ın al yanaklarına bırakırken hissetmesini isterdi.

O günü de cesaretsizdi. Kendini tam da dibe vurduğunu düşündüğü kaç günlerden biriydi. Uyanmış, baharın güzelliğine kanıp süslenmiş, aynı güzelliğe kanıp o gün Sultan'ın karşısına çıkmaya karar vermişti.

Hüseyingazi'ye kadar çıkmış, gerisin geri dönmüştü. Yalnızdı. Korkuyordu reddedilmekten. Reddedilse sonu olacaktı biliyordu. Ulus'ta kenarda köşede kalmış at yarışı bayilerinden birinde aldı soluğu. Kaldırıma atılmış taburelerden birine oturmuş, güneşin alnında herkesin yaptığı gibi kutu biraları çaktırmadan içmeye başlamıştı. Bir bira, bir sigara daha, belki bir yarış. Biraz bağırış, biraz heyecan. Sultan'ın kömür gözleri, Sultan'ın kandırıldığını anlayıncaki hali, Sultan'ın bitmez tükenmez inadı. Bir bira, bir sigara daha. Yalnızlık. Hep korktuğu yalnızlık, Sultan'ın öfkesi, biter mi öfkesi?

Hüseyingazi'nin gecekondu süslü yokuşlarına vardığında sarhoş mu sarhoştu. Sokağının başında beklemeye koyulmuştu Sultan'ı. Ve ne zamandır bir yasta olan, ne zamandır sokak sokak onu arayan Sultan, görünmüştü gezmeden gelirken. Emre'yi gördüğünde de ne yapacağını şaşırmıştı.

Hemen hatırına getirmişti yaşananları, nasıl da kandırıldığını. Reddetmekti son kararı, hatta onu öyle sarhoş, öyle rezil öyle korkunç halde gördüğünde daha da kararlıydı reddetmeye. Israrı üzerine arabaya binmiş, ellerini çantasının üzerinde buluşturmuş, başını camdan yana çevirip hiç konuşmadan öylece durmuştu. Emre ne dese tepki vermemişti. Sultan'ın sessizliği her dakika çıldırtıyordu sarhoş genç ve âşık adamı.

Emre ne zamanki af diledi, yeniden beraber olmayı diledi, evlenmeyi diledi o vakit yaşananları bir bir yüzüne vurdu Sultan. Yaptıklarını. Öfkeyle, hınçla bir ayna tuttu Emre'ye. Aslında seviyordu Sultan ama içi yansa da sevdiğini söyleyemiyordu. Dahası konuştukça daha da öfkeleniyor, sözleri genç erkeği kalbinden de erkekliğinden de vuruyordu. Çok alışıktılar böyle sonu bilinmez kavgalara. Nice kavgaları sokak ortasında birbirlerini terk ederek, üçüncü sınıf bir otel odasında yalnız bırakarak, tokatlaşarak, dövüşerek bitmişti.

Ama bu kavga iki sevgilinin eski ateşli kavgalarından daha farklıydı. Yaşanmışlıklar, kandırılmışlıklar, kırıklıklar yüzünden öç dolu, hınç doluydu.

Ortalıklara savrulan ağız dolusu hakaretler, yapılması mümkün olamayacak tehditler, kavga dövüşlerle gecekonduların tükenip yerini çalılıklara bıraktığı ıssız bir tepeye gelmişlerdi. Emre o anda saçlarından sürükleyip Sultan'ı dışarı çıkarmış, bedeni azgın bir hayvan gibi Sultan'ın bedenini kapmış, genç kadının çığlıklarını kimse duymamıştı. Ardından, elbiselerini de alıp Sultan'ı orada tek başına çırılçıplak bırakıp gitmişti.

Zifiri karanlıkta tek başına kalan Sultan, el yordamıyla bulduğu taşları kendisine doğru gelen köpeklere atarak korunmaya çalışmış, çıplak vücudu ayazda titremişti. Çok geçmeden gelmişti Emre. Sultan'ı yeniden arabaya bindirip bu kez ağlayarak yalvarmıştı:

– Boşandım, bitti bu iş. N'olur, bağırmadan, çağırmadan, yaptıklarımı yüzüme vurmadan bir dinle. Artık geri dön bana.

O an ağlamış, korkmuş, tir tir titremişti Sultan. İçinde yanıp duran öfke topu, yapayalnız kaldığı dağ başında sönüvermiş, sırf kendini kurtarabilmek için, ne derse kabul etmişti. Gecenin yarısı gecekondusuna vardığında anne babasını uyur bulmuş, parmak uçlarına basa basa odasına varmıştı. Yere serdiği döşekte tam uyuyacakken bu kez camın tıklandığını duymuştu. Pencereye koştuğunda Emre'yi görmüştü karşısında ve tehditlerine yenilip onu pencereden odasına almıştı. Emre ne yaptığını bilmiyordu, yer yatağına uzanıp, Sultan'a sarılmış, geceler boyu kah özür dileyerek, kah tehdit ederek sayıklamıştı.

Saatler sonra pencereden sızan gün ışığında kapanmaya yüz tutmuş göz kapaklarının aralığından Sultan'ı izlemiş, bir yandan da takatsiz kalmış parmaklarını gerdanında gezdirmiş, "Sultan, kötü bir his var bugün içimde. Bugün bir şey olacak sanki..." demişti. Ardından Sultan'ın yüzünü avuçlarının arasına alıp, alnından öpmüş, uykuya dalmıştı.

Ya Sultan?

Sultan bütün gece duygularının savaşını izlemişti. Bir yandan dağ başında uğradığı tecavüzün ve duyduğu hakaretlerin öfkesi içini yakıyor; diğer yandan teslim olduğu aşk ateşinin içinde tüm olan biteni unutmaya hazırlanıyordu.

Oysa affetmeyi de affedilmeyi de sevmezdi. Ne de olsa öyle öğrenmişti. Bu yüzden içindeki nefret ateşini körüklemişti gece boyu. Sabah, nefesini tutup annesiyle babasının evden çıkışını beklemişti.

Sonra babasının yatak odasına girmişti.

Çocukluğundan beri dokunmak istediği, merak ettiği o tüfeği duvardan indirmiş, uzun süre o soğuk metale bakakalmış, bir an babasının yanı başında olmasını dilemişti. Babası olsa, ona "çocuk oyuncağı mı kızım o, dokunma," diyecekti belki; "her şeyin bir zamanı var," diyecekti belki. Bir sağduyuydu aradığı o yorgun geceden sonra, bilge bir ses, bir yön...

Sonra dalıp gittiği düşüncelerden uyanıp, elinde tüfekle odasına varmıştı.

Emre, uyanmıştı. Ayaktaydı. Su yeşili gömleğinin üzerine yeşil fitilli kadife ceketini giymişti. Elini de yeşil fitilli kadife pantolonunun cebine atmıştı. Sultan'ı kapıda elinde tüfekle gördüğünde şaşırmamıştı aksine gülümseyerek bakmıştı.

Sultan, tüfeği genç adamın yüzüne doğrultup, "Hadi dün gece söylediklerini yine söyle, yaptıklarını yine yap," dediğinde de Emre, hiçbir şey söylemeden gülümsemişti.

Dakikalar...

Ya da saniyeler geçti.

Emre sadece "Sevmiştim seni," dedi ve bekledi.

Sultan, tetiğe basmış, önce omuzundan ardından belinden vurmuştu genç adamı.

Tüm gece süren kabus, peşini bırakmamıştı.

Emre'nin yere yığılan bedenine koşmuş, ardından yüzünü çevirmiş, kalbini dinlemişti.

Ölmemişti genç adam.

Gece yarısı dağda uğradığı tecavüzü hatırlamış, onu ters çevirmiş, ayağa kalkıp tüfeğiyle bu kez kalçasının bir tarafına, ardından diğer tarafına kurşun yağdırmıştı, ardından yere dayadığı tüfeğe sağ dirseğini atıp bağırmıştı:

– Öyle yapılmaz Emre Efendi, böyle yapılır!

Genç adamın yeşil fitilli kadife ceketinin altından tüm odaya yayılan kanı, Sultan'ın ayakuçlarına dek erişmişti. Ölümün böyle tamamen dünyayı kuşatacağını düşünmemişti Sultan. Kırmızı bir örtü olup, bedenine yapışacağını düşünmemişti. Ayakuçlarına ılık ılık değip, içindeki öfkeyi sezdirmeden emeceğini bilememişti.

Öfkesi bir anda dinmiş, o an içini büyük bir boşluk kaplamıştı.

Sonra yerde yatan adamın yanına oturmuş, konuşmaya başlamıştı...

– Emre...

Emre, konuşsana.

Hadi.

İstersen hakaret et.

İstersen bağır çağır...

Emre...

Eğilip, kana bulaşmış elbiselerini çıkarmıştı sonra.

Su yeşili gömleğinin düğmelerini açtıkça bembeyaz teni ortaya çıkmıştı. Başını o süt beyazı gövdesine az saklamamıştı Sultan, az o gövdede dünyanın tüm dertlerinden saklanıp sıcaklığında kaybolmamıştı. Ardından kana bulanmış pantolonunu parçalayarak bacaklarından soymuş, iç çamaşırını yırtarak çıkarmıştı.

Ardından da kendi kazağını ve pantolonunu, sutyenini, külodunu...

Emre'nin elbiselerini toplayıp, banyo kazanının içine atmış, bir kibritle ateşe vermişti.

Sonra suyu açmıştı.

Altına geçmiş...

Yüzünü duvara dönüp, sıcacık suyun alnından boynuna, oradan göğüslerine, karnına ve bacaklarına, ayakuçlarından beton yere dökülmesini izlemişti.

Vücudundan akıp giden o su sanki yılların bedeninde biriktirdiği tüm yükleri, tüm kirleri teker teker söküp, atmıştı.

Sular aktıkça bir yandan hafiflemiş, diğer yandan bir özgürlük duygusu kaplamıştı içini.

Rahatlık...

İlk kez bu kadar temizlendiğini hissetmişti.

İlk kez böylesine arındığını...

Sadece Emre değil, yaşadığı her şey, babası, dedesi ağabeyi, amcaları, kocaları, oğulları, mahallenin her gün aynı işleri yapan sakinleri, hepsi tek tek beyninden süzülüp suyla birlikte akmıştı...

Derin bir nefes almış, ardından karşı odada yerde yatan Emre'ye sesini duyurmak istermiş gibi bağırmıştı:

– Ben hayatımda böyle banyo yapmadım arkadaş!

Saatler sonra yeniden yatak odasına girip Emre'nin kırmızılar üzerinde boylu boyunca uzanmış çıplak bedenini izlemişti.

Yanı başında yeşil kadife ceketini unuttuğunu fark etti.

Ceketi alıp, kokladı.

Göğsüne sarıp, bastırdı.

Cebinde bir şey olduğunu fark etti.

Beyaz dörde katlı mühürlü bir kâğıttı.

Korkarak açtığında, bunun bir boşanma ilamı olduğunu gördü.

Ağladı.

Emre'ye baktı.

Ölmemiş gibiydi sanki o da öyle sevgiyle bakıyordu.

Sokak ortasında oyunları, çay içmeleri, sevişmeleri...

Hepsi gözünün önünden geçti dakikalarca.

Elini uzatıp, ayaklarına dokundu, konuştu.

– Üşüyor musun?

Sevmiştim seni, ölene kadar kulun kölen olmaya hazır-
dım, dört dörtlük bir kadın olacaktım, senin olacaktım...

Sen beni sevmiş miydin Emre?

Sevmiştin di mi?

Sevmeseydin boşanmazdın di mi?

Evlatlarını, aileni komazdın.

Sevmiştin ha, niye dememiştin.

Demiştin de ben mi duymamıştım.

Keşke böyle olmasaydı.

Keşke Emrem...

Oturduğu yerde Emre'nin ayağını sıkı sıkıya tutmuştu.

Önce keskin bir kan kokusu, sonra ceset kokusu sarmaya
başlamıştı evi. Vantilatörü sürükleyip, odaya getirdi.

Geceler boyu yorganın altında anımsamaya çalıştığı teni-
nin kokusunu kovalamak niyetiyle çalıştırdı.

Perdeleri örtüp, yeri temizledi.

Kapı çaldı o sıra. Sultan'ın birkaç gün önce olağanlıklarına
şaşıp da kaldığı komşulardan biri gelmişti. Çay yaptı Sultan
o olağanlığı biraz koklayabilmek için, bir cesedi, bir kan gö-
lünü, yakılmış elbiseleri, tükenmiş bir aşkı, tüm rezilliği sa-
lonun kapısının ardına kilitleyip, komşusuyla çay içti.

Onlar gidince, yeniden kapıyı açmaya cesaret edemedi.
Kapının altından dökülen kanları temizledi durdu akşama
kadar. Ta ki babası gelene kadar.

Giyindi ve kapıyı çalan polis babasına teslim oldu.

– Senin şapkan yere düşmesin diye,
hadi ikisi olmadı,
üçüncüsü de mi olmadı demesinler diye...

Ellerini, salonunu, odasını, aşkını, sırf olağanlıklarıyla şaşırıp kaldığı komşularının önünde başı eğilmesin diye kırmızıya boyamıştı. Tüm öğrendiklerini düşününce haklıydı. Oysa o öğrendikleriyle yan yana gelemeyecek kadar kadındı.

Ondan şimdi koğuşunda, yorganını başına sarıp kendi kendine tüm tembihlerine, tüm sözlerine rağmen Emre'yi düşündü.

Emre'yle seviştiğini anımsadı.

Isındı.

2007 yılında cezaevine girdi. Adam öldürme
suçundan aldığı ceza, dağ başında uğradığı tecavüz
"ağır tahrik" sayıldığı gerekçesiyle 10 yıl 8 aya
indirildi.

Çocuklarına eski eşleri bakıyor, üçü de ziyaretine
getirilmiyor.

AVLU

– Duymuyon mu gı?
– Çi!
– Ne? Ne deyip duruveriyon...
– Çi!
...
– Gııı... Giriver bakem evine.
– Ana elleme bene.
– Giriver...
– Eleme de...
– Azdan geliyom şincik.
– İbrahim gelivesin gari.
– Neye diyiveriyon sen... Neye söyleyon... Acık git gari...
Yoksa ben gidiveririm Candarmaya... Gaç para saadınız bakem.
– Kaşınıp duruyon amma.
– Ayyydi aydi vur.

Gülten, eline geçirdiği taşı gelini Sakine'ye fırlatır gibi yaparken, diğer eliyle yerlere uzanan eteğini toplayıp birkaç adım ileri koştu. Sakine'nin sırtını dönüp yürümesine fırsat, taşı avluya bırakıp işaret parmağını yeni gelin Pembe'ye salladı:

– Bu şeytanla konuşuvediğini görmeyem.

Pembe, iri siyah gözlerinin önünde neredeyse burnuna değecekmiş gibi sallanan parmağı izlerken söylenenlerin yarısını anladı, yarısını anlamadı. Hatta kadının sinirle elini sallarken, kendisini döveceğini sandı, ardına gizlediği eliyle sıkı sıkıya kapının tokmağına tutundu.

Pembe'nin anlamsız bakışlarına da kızdı Gülten, ardını dönüp avlunun başındaki evine doğru yürürken, söylendi durdu.

– Allaaam bana iki gelin veriverdi. Biri hepten dilli biri hepten dilsiz. Biri delidir öbürü zır delidir...

Üç evin baktığı koca avlu, her gün kadınların nedensiz dövüşlerine, bağırışlarına, sataşmalarına sahne olurdu. Bugün Sakine'nin ne zamandır yolunu gözlediği yeni gelinle konuşmak istemesinden çıkmıştı kavga gürültü, önceki gün bebeler bahçeye çıktı diye, ondan önceki gün Sakine çamaşır leğenini avluda bıraktı diye.

Ondan önceki gün ise Sakine sataşmıştı avluda taburesinin üzerinde oturan kaynanasına, o akşam gelecek yeni gelin Pembe için. Son kıyamet de bu yüzden kopmuştu. Sakine kaynanasına sataşmadan önce haberliydi başına geleceklerden. Ama sabah avlunun en sonunda yer alan iki göz evinde kocası İbrahim'in sözlerine takılmıştı aklı. İbrahim, babasının Iğdır'a gittiğini söyleyip, "Anama bakıver bugünlük," dediğinde, Sakine merakına yenik düşmüştü:

– Neye gidiveriyo, bu meczupa kız alıvermeye? Yakıverceniz gızın başını, yazık de mi?

– Sen işine bakıve gari, karışma kimseye.

– Kimi buluvermiş ta Iğdır'da?

– Bilmem.

– Kaç paraya kıyıvermiş senin buban?

– Tamı tamına sekiz bin.

– Düğün de yapıvcerceniz mi gari?

– Yapcaz gari sana yapmadık mı?

– He yapıverdiniz yapmayaydınız. Başlık vermediniz.

– Başlık kime kalcaydı?

– Ona veriveriyonuz gari benim bubama neyi vermiyonuz?

– Sakine gidive.

– Gitmem. Söyle.

– Bi kayfe goyve yoruldum.

– Neye yoruldun da içtin. Akşam yine kokuyodun pis pis! Git kayfeye de kim yapıverecekse onla yapıversin.

– Yeter be ya!

– Mehdi nerdedir?

– Bilmem.

– Gız almaya o gidivermiyo mu?

– İşiva.

– İşi batsın!

– Batıversin ya sormuyoveren bu para nereden geliyo.

– Parası batıversin İbrahim beş çocuğun var senin. Tamı tamına beş dene. Uymayıve gari şu sapsıza.

Sakine, yeni geline verilecek başlık parasını duyduğundan beri kıskançlığından ne yapacağını şaşırmıştı. Önce kızgınlığıyla İbrahim'i evden kovalamış, ardından hiç yoktan bebeleri fırçalamış, sonunda kaynanasının avluya çıktığını görünce ona sataşmıştı:

– Sana yeni gelin geliveriyomuş, birini kaçırdı bu sapsız, bunu da kaçırıvermeye gari. Çok para sayıvermiş kayınbubam bak parası boşa gidiverir.

– Sakine gidive. Yemeği yap çok konuşma gari.

– Vuraman da ona paraya yazık deyiverirsin hı.

– Şindi çimirivericem!

– Sekiz bin saymış kayınbubam

Sataşmalara dayanamayan Gülten, taburesinden kalkıp eline geçirdiği hortumla onu avlunun ortasında kovalamaya başlamıştı. Kaynanasının önünde düşen Sakine, yerlere eğilip topladığı taşları etrafına fırlata fırlata kaçmış ama gücü tükenince de dayaktan kurtulamamıştı. Dövüş ettikçe evde içini sarıp onu boğan hırsından neredeyse sıyrıldı. Karşılıklı yorulana dek sürdü gelin kaynananın dövüşü. İkisi de bitap düştükten sonra Sakine, koşarak evine girdi, yeni geline verilen başlık parasını duyunca deliye dönen ruhunun yorgunlukla dinginleştiğini hissetti. Divanın köşesine oturup, tülbentini çıkarırken bir "oh!" çekti.

Öyle minikti ki Sakine, divana oturduğunda sırtını pencereye dayamak istese dizi divanın eşiğine dahi yetişemez, ayakları havada kalırdı. Kısa boyunun yanında, zayıfça bedeniyle küçük bir kız çocuğunu andırırdı. Sarı uzun saçları, her zaman yarım yamalak bağladığı beyaz tülbentinin altından iki yana sarkar, süt misali bembeyaz teni sinirlendi mi ala vururdu.

Divandayken, pencereden yansıyan kızarmış yüzüne bakmıştı. Yıllar önce kendine ödenmemiş, şimdi başkasına ödenmiş başlık parasını düşünmüş birden büyük bir haksızlığa uğradığını hissetmiş, bu yüzden öfkelenmiş, ağlamış, önce kocasıyla ardından kaynanasıyla kavga etmişti. İçine düştü mü durduramadığı öfkeleri vardı. Durup durduğu yerde kendisinin yarattığı, bazen yarattıktan birkaç saat sonra unuttuğu bazen de dur durak dinlemeden, içinden taşıp gitmesine müsaade ettiği öfkeleri. Hemencik unutsa da içinden taşıp hırpalansa da biraz zaman geçip sakinleştikten sonra hep pişman olurdu Sakine. Öyle pişman olurdu ki bazen o pişmanlığının vicdanını yormasına izin vermemek için günlerce sürdürürdü bu dövüşleri.

Yeni gelinin haberini duyduğunda aynısını yaşamış, divana oturup da pencereden yansıyan perişan yüzüne bakınca sözlerinden de çıkardığı yangından da pişman olmuş, ama vicdanına yenilmemek için ertesi gün önce çamaşır leğenini bile bile bahçede unutmuş, bir sonraki gün de en küçük bebesinin donsuz bahçeye çıktığını gördüğü halde bir şey yapmamıştı. Her ikisinde de kaynanasının dayağından kurtulamamıştı. Ama son dövüş yeni gelinin gözleri önünde olmuştu. Sakine'nin hırsı her seferinde yenik düştüğü dövüşlerin yeni gelinin önünde de tekrarlanmasıyla daha da katlandı. Sakine yeni gelinin geldiği üçüncü günü, günlerdir süren huzursuzluğun başlık parasından çıktığını anımsayıp, Pembe'ye yanaşmaya kalktı.

Kaynanası kartal misali araya girerken, Sakine yine de dilini tutamadı. "Kaç para saydınız?" derken, kaynanasına hâlâ hesabın bitmediğini söylemeye çalıştı. Ne zaman ki dönüp yeni gelinle göz göze geldiğinde, Pembe'nin yabancı, korkak, kızarmış gözlerinde kendi körpe halleriyle karşılaştı, o anda da misafirine karşı içinde bir sıcaklık hissetti.

Avluyu geçip, evine girdiğinde günlerdir süren başlık parası kavgasından da kıskançlığından da bu kez utandı. Yeni gelinle konuşabilmek, dertleşebilmek için sonsuz bir istek duydu.

* * *

Pembe, dört gün önce Iğdır'da kapıyı çalan yaşlı bir adamın peşi sıra koyulurken nereye geleceğini, kime gelin olacağını bilmiyordu. O akşam gelin gideceği söylendiğinde, tüm gün pencerenin kenarında beklemişti.

Saatlerce pencere dibinde hayaller büyütmüş, kimi zaman genç yakışıklı bir öğretmeni, kimi zaman orta yaşlı ağır başlı bir imamı, kimi zaman heybetli karakaşlı kara gözlü bir ağayı düşünmüştü. Her seferinde de yaşlı, genç kim olursa olsun onu memleketinden uzaklara götürmesin, cezaevindeki babasından, yeni gelin giden ablasından, amcasının yanına birlikte sığındığı erkek kardeşinden uzağa düşürmesin diye dilekler dilemişti.

Saatler geçmek bilmemiş, akşam çöktüğünde pencereden Süleyman'ı görmüştü. Önce, bu avurtları çökmüş, sıskacık bedeni uzunca boyunda asılıymış gibi duran, ak saçlı, kirli sakallı yaşlı adama varacak sanmıştı. Amcası, kapıya kadar çıkmış daha ilk kez yüzünü gördüğü bu adamı sanki yıllardır tanıyormuş gibi kollarını iki yana açarak karşılamış, sımsıkı sarılmış, türlü ikramlarla gönlünü hoş etmeye koyulmuştu.

Yemekler yendikten sonra Pembe, istemeden kahveleri tutmuştu. Ardından gözleri önünde Süleyman'ın cebinden çıkardığı paraları amcasına verişini nefretle izlemişti. Amcası, soluksuzca paraları saymaya koyulduğunda her onlukta önce işaret parmağını diliyle ıslatıp derin bir nefes almış, ardından ağzını şapırdatıp iştahla ve sesli sesli sayıları atlamıştı.

Amcası parayı saydıktan sonra ceketinin ceplerine sığdırmıştı. Ayağa kalkıp Süleyman'la el sıkışmış ve yüzündeki sonsuz gülücükle Pembe'ye elini uzatmıştı. Pembe az önce iştahla paraları sayan eli öpüp başına koymuştu. Amcası da buna karşılık, iki eliyle yüzünü sarıp alnından öperken, "Bu kayınbaban kızım, onun da elini öp," demişti. Bu sözü duymak Pembe'nin içini bir nebze rahatlatmıştı. Pembe, elini öptüğü Süleyman'ın peşine düştüğünde, ablasının gelin gideceğini duyunca sabahın köründe kızgınlıkla evden çıkıp giden kardeşiyle vedalaşamamanın acısıyla kıvranıp durmuştu.

Ancak ertesi gün akşam çöktüğünde Afyon'a varmışlar, gece yarısı sessizce avluya girmişlerdi. Süleyman, avlunun etrafına bitişik dizilmiş üç evden ortadakini gösterip, "Mehdi gelince burada kalıvericen. Şindi bizim evde kalıve," diyerek, en baştaki kapıyı çalmıştı. Pembe, Gülten'in elini öpmüş, söylenenlere de sorulanlara da sesini çıkarmadan, kendine "uyu," denilene kadar sessizce divanın kenarında oturmuştu.

Sabah olduğunda da yan eve geçmişti. Yıllar önce Mehdi nişanlandığında döşedikleri, nişan atıldıktan sonra da Mehdi'nin tek başına kullandığı evi temizlemeye girişmişti. Kokmaya başlamış yorganlar, sigara dumanından solmuş perdeler, süpürge yüzü görmemiş halıları temizlemesi saatlerini almış; öğleden sonra avludan gelen çığlıklara kapının önüne çıktığında Sakine'nin kaynanasının elinde dayak yemesini izlemişti.

Öyle acımıştı ki Sakine'ye, kendisiyle gelip konuşmak istediğinde bir sürü şey anlatmak istemiş ama doğru düzgün Türkçe bilmediğinden de Sakine'nin söylediklerinin birçoğunu anlamadığından da becerememişti. Ta ki kaynanası araya girip parmağını sallamaya başlayınca, bu avluda konuşmamanın da anlamamanın da en iyi yol olduğunu düşünmüş, az bildiği Türkçesini de unutmak istemişti.

* * *

Sakine de üç gündür ruhunu parçalayıp durduğu başlık parası kavgasında Pembe'nin suçu olmadığını biliyordu ya yine de kaynanasından da kocasından da kayınbabasından da kayınbiraderinden de hırsını almaya mazeret görüyordu olan biteni. Aslında tüm bunları düşünebilecek kadar üzerinde durmamıştı Sakine. Hatta başlık parası kavgasını çıkaran da çıkmasını isteyen de kaynanası Gülten'di.

Kaynanası, daha on dördünde bu avluda gelin olan Sakine'yi hiçbir zaman istememişti. Kavgaları da dövüşleri de tüm mahallelinin diline dolanmış yine de Sakine'ye olan istemezliğini en aymaz halleriyle ortaya koymaktan çekinmemişti. Hatta bunun için ne yaşına başına, ne babaanneliğine ne de yaşanmışlıklarına bakmış, elinden ne gelirse ardına koymamıştı.

Kendi de on dördünde gelin olmuş, daha yirmilerinde dört çocukla oradan oraya koşturmuş bir tek kaynanasından değil kayınbabasından da Süleyman da az dayak yememişti. Üstüne yokluk görmüş, bu avluya üç evi kondurabilmek için yememiş, giymemiş uğraşmıştı.

O yokluk hisleri Gülten'in peşini hiç bırakmamış, sadece zenginliğinin değil kaynanasıyla kayınbabasından kurtuluşunun da simgesi haline gelen bu avluyu ve evleri adeta kutsamış, bu yüzden ne Sakine'ye ne de Pembe'ye değer görmüştü.

Sakine, evler tamı tamına yapılıp da teslim edildikten az sonra gelin olup bu avludan içeri girerken Gülten, ilk kez kendisine ait gördüğü bir şeyi paylaşmak zorunda kalmanın kızgınlığıyla yanmıştı. Üstelik o bu eve ulaşmak için aç kalıp, giymezken bacak kadar kızın hiçbir bedel ödemeden üstüne konması onu daha da kızdırmıştı.

Yediği onca dayaktan, onca ezilmişlikten sonra Sakine daha on dördünde dilsiz, güçsüz, küçücük bir kız çocuğu olarak dizinin dibine gelip de ona bir de ev verdiğinde, ilk kez hırslarıyla yüz yüze gelmişti Gülten. Dünün çocuk gelini, adeta kendi kaynanasının ruhuna bürünmüş, içindeki eziklik Sakine'nin sessizliğinin karşısında büyük bir canavara dönüşmüştü.

Yıllar geçtikçe, içindeki canavarı büyüten o sessizlik yerini Gülten'in deyimiyle "arsızlığa" bırakmış; Sakine artık söylenen her söze bir yanıt her harekete bir karşılık verir olmuştu. Gülten kaynana, Sakine'nin bitmek bilmez bu enerjisini bazen "keşke böyle olaydım," diyerek kıskanıyor; bazen sultanlığı elden gidecek diye korkuyordu. O korkular, Gülten'e akıl almaz işler de yaptırıyor, o sayede de Sakine'yi hiç olmadık şeylerden kızdırmayı, her türlü kavgaya çekmeyi başarabiliyordu. Aynı, başlık parasını Sakine'ye duyurmak için çabaladığı gibi.

Daha üçüncü gününde Pembe'ye aynı oyunları oynayamayacağını anlamıştı Gülten. Sessizliğinden, itaatkarlığından zordu Pembe'ye bunları yaptırmak. Ama Sakine'nin karşısında Pembe'yi biraz kayırmak, deliye dönmesine yetiyordu zavallı kızın. Sakine'nin enerjisini, doymayan ruhunu, çocuk kalmış duygularını ve bitmeyen öfkesini kavgaya çekmek bu kadar kolaydı Gülten için.

Koca avlu, aslında aynı kaderi yaşayan, aynı yoklukta buluşan, aynı alınyazısında doğup aynı yolda yürüyen üç kadının kendilerinin de nedenini hiç bilmediği ayak oyunlarına, rol çalmalara sahne oluyordu.

* * *

Pembe, kaynanasının önce Sakine'yi taşla kovalayıp, ardından burnunun ucunda işaret parmağını sallayan halini görünce, çıktığı evle geldiği ev arasında bir fark olmadığını düşünmeye başladı. Bu da yetmezmiş gibi üç gün önce gelin diye girdiği evin kapısına hâlâ gelen olmamış, Mehdi'nin yüzünü daha görmemişti.

Mehdi o gece de gelmedi. Köyün üstüne zifiri karanlık çökerken, cırcır böceklerinin daha da artan sesleri ortalığı çınlattı. Ne kadar sıcak olsa da korkusundan camı açmaya çekindi Pembe.

Sırtını duvara dayayıp, kollarını bağladı. Saatleri sayarken bir yandan da öğlen ona seslenen Sakine'yi düşündü. Nasıl da hayat dolu göründüğüne, nasıl da gülümsediğine şaşırdı. Ayaklarının ucuna basarak, kaynanasına duyurmadan evden çıktı. Çekinerek, Sakine'nin kapısını çaldı.

Sakine, kapıyı açtığında Pembe'yi gördüğüne sevinemedi. Gündüzleyin karşılaştığı yabani bakışlarından ürkmüş, sessizliğine sarsılmıştı. Oysa şimdi karşısında ürkek, mahcup bir genç kız vardı. Koyu esmer teni, kara gözlerinin üzerinde süzülen kalın kaşları, tülbentinin ancak yarısını kapatabildiği simsiyah gür saçları, uzun boyu, kalın gövdesi ile daha on altısında bile olmamasına karşın yaşlı bir kadın havasındaydı yeni gelin.

Korktuğunu anlayan Sakine, istemezliğine karşın içeri buyur etti onu. Pembe, hiç konuşmadan divanın kenarına oturdu, Sakine'den cesaret alıp pencereyi açtı; üstüne çöken ağırlıktan, vücudunu saran sıcaklıktan kurtulmak istedi. Sakine, çocuklara özgü heyecanlı haliyle atıldı hemen:

– Niye konuşmuyon sen gari.

– ...

Pembe, yine ağzını açmadı. Yabani bakışları anasından yeni ayrılmış bir kedi yavrusunun gözlerindeki acıya büründü. Sakine'nin içi gitti bu duruşa. Kendi kızlarıyla konuşur gibi konuşmaya başladı:

– Pembe bak diyiverem sana bu Mehdi'ye de bu anama da dikkat edive. Kaynanam geldiğimden beri her gün döver beni. Ne olsa dövüveri ya. Daha dövmedi seni. Mehdi mahpusa giriverdi, çıkıverdi. Hemi de iki kere. Hap işi va bunlarda, gasp işi va... Ne olsa bunda va. Bi kayınbubam iyidir. Kapıya dilenci gelivese çevirmez, akrabadır veriverin der. Eyyi insandır, çok eyi.

– ...

– Pembe, kız sen hiç konuşmayıvercen gari.

– ...

– Eyi sen bilin, ben deyivereyim de benden suç gidivesin. Ahan da şuncacık bebelere bile el kaldırıveri o cadı. Sen bilmen onu. İbrahim de hiç bişi diyiveremez. Anca uyumayı bilir, bi de ne iş yapar ben bile bilmem o Mehdi'yle. Bunların iki abileri daha var. Hiç onlara benzemezler. Bunlar böle, analarına çekivermişler zaar napcan. Bizim de kaderimiz bu.

– ...

– İbrahim der ki ben de babamdan çok dayak yemişim. Korkuverirler çok İbrahim de Mehdi de kayınbubamdan. Ama korksalar da yine dediklerini yapıverirler. Ama o kay-

nana var ya o... Mahkemelik olduk. Dayakla yine aldırdı
şikâyetimi. Ama...

– ....

– Çay yapıverem mi, içen mi?

– ...

– Pembe, yoksa anlamıyon mu sen beni. Sen duymuyon
mu kız yoksa...

– Anlamam ne dersin.

– Türkçe bilmiyon mu sen?

– Kürdüm ben.

– Essah anlamıyon!

– Biraz

Sakine, ilk kez kendini anlamayan biriyle karşılaşınca ne
yapacağını şaşırdı. Pembe, Türkçe'yi öyle az biliyordu ki ka-
yınbabasının peşi sıra Iğdır'dan yola düştüğünden beri ne
söylenenleri tam anlayabilmiş ne de bir kez olsun ağzını aça-
bilmişti.

Mehdi'nin mahpusa girdiğini ilk kez duymuş, mahpusluk
deyince içi yanmıştı. Anasını çok zaman önce kaybetmiş, ba-
bası da işlemediği bir cinayet için hapse girmişti. Ablası ve
erkek kardeşiyle Iğdır'da tek başlarına kalmış, amcaları on-
lara sahip çıkmıştı. Amcası aldığı başlık parasıyla önce abla-
sını Ağrı'ya, ardından da kendisini bu dilini, yolunu bile bil-
mediği memlekete yüzünü hiç görmediği adama yollamıştı.

Köye geldiğinden beri ilk kez bu evde rahat bir nefes al-
dığını hissetti Pembe. Sakine'nin tavırlarında hissettiği sı-
caklıkla kendi evindeymiş gibi kalkıp çay koydu, çocukların
üzerlerini örttükten sonra oturup Sakine'yi izlemeye başla-
dı. Sakine, gördüğü her şeye sıkı sıkı sarılıyor, ağzını koca-
man açıp heceleyerek anlatmaya koyuluyordu:

– Diiiii - van.

– ...

– Pembe bakıve hele, peeer de. Hadi sen de söyleyive

– Perdeee.

– E biliyomuşun ya bunu. Bak bak duuuuuu-var. Deyi-
ve bakam.

– ...

– Çay. Çay pembe. Baaar dak. Deyive gari

Sakine, işaret parmağı ile orta parmağını dudaklarına gö-
türüp, sigara içermiş gibi yapmış ardından kafasını sallayıp:

– Siiii-ga-ra.

Sakine'nin kendini oradan oraya atıp gördüğü her şeye
sarılması, tüm kelimeleri uzata uzata hecelemesi güldürdü
Pembe'yi. Öyle ki uzun zamandır böyle eğlenmemişti. Saki-
ne, odadaki eşyaları bitirdi, mutfaktan mercimek, bulgur ne
varsa toplayıp tekrar ettirdi. Pembe, bunların ismini biliyor-
du. Ama otlar yok mu, ebegümeci, cibes, radika, çiriş, bam-
bul, çiğdem, börülce, eşek dikeni, hindiba, hodan, ışkın,
kenker, sirken... Hepsini tek tek Sakine ile birlikte hecele-
yerek, tekrar etti. Her seferinde de sesleri birbirinin üzerine
çıktı. Pembe, divana bağdaş kurmuş karnını tutarak güler-
ken Sakine de yerde kahkahalar atıyor, diğer taraftan da ki-
limin ucunu tutmuş devam ediyordu:

– Kiiii-lim.

– Biliyom ya.

– Oooo ver lok.

– Biliyom.

– İiiiin leee ğe.

– İiiin leeee ğe.

– Ha şöye. Olcek gari. Şincik galkve kalkıver. Su goyve ga-
ri bana bi...

Pembe, birden susup yabancı bakışlarını Sakine'ye çevir-
mişti.

– Su deyiverdim. Su goyve.

– Goooy ve.

Ne zamandır kadınların gülücüklerine hasret avluda

yankılandı kahkahaları. Yorulup uyku çöktüğünde, Sakine Pembe'nin gitmesine izin vermedi, kendi yanına yatırıp uyuttu genç kadını koynunda.

Ertesi sabah, önce tarla ardından ev işleriyle geçti zamanları. Yeni gelinin önünde yine dayağını yedi Sakine, kaynanasından. Utanarak Pembe'ye bakıp, ardından evine sığındı. Çocukları toplayıp, yemek yedirirken Pembe'ye olan duygularının kıskançlıkla acıma arasında gidip geldiğine şahit oldu.

İbrahim o akşam eve gelir gelmez sızdı yatağa, Mehdi de yan evdeki yatağa. İki gelinin de yaşadıkları birebir aynıydı, bitmeyen işler ve hapis bir avlu...

Ertesi sabah Pembe, avludan gelen çığlıklara uyandı. Koşarak kapıdan çıktığında, Sakine'nin küçücük bedeninin kaynanasının ellerinin altında darbelendiğine şahit oldu. Az değil o da amcasından, yengesinden böylesine ıstırap verici dayaklar yemişti yıllarca. Vücudunun morluklarından yatağa giremediği, oturamadığı, sırtını divana yaslayamadığı zamanlar olmuş; çığlıklarına kimsenin yetişmediğine şahit olmuştu.

Aynı öğretilmişlikle, sustu Pembe. Tek arkadaşı, kader ortağının vücuduna inen darbeleri sesini çıkarmadan, kılını kıpırdatmadan kapının kenarına ilişip izledi. Gözlerinden ateş çıkıyor, midesi bulanıyor, ama elinden yapacak bir şey gelmiyordu. Aynı İbrahim gibi o da sessizce izliyordu olup biteni. Dayakla doğup dayakla büyüyen ikilinin birbirlerine ettiği bir yemin gibiydi sessiz kalmak. Ya vücutlarında üzerleri daha kabuk bağlamamış yaraları durduruyordu onları ya da dayak yedikleri anlarda nasıl dişlerini yumruklarını sıkıyorlarsa izlerken de kilitleniyorlardı sanki.

Kaynanası, ellerine doladığı saçlarıyla Sakine'yi avlunun o ucundan bu ucuna sürüklüyor, bir yandan da söyleniyordu.

– İbrahim'e söyleyecem gari evine erkek aldın.

– Ben de kayınbubama diyecem sen de evine erkek aldın...

– O çocukların günahı üzerinde.

– O çocukların günahı senin üzerinde, kurtulursam şincik babama gidiverecem...

– Baban seni bıraktı zati başıma...

– Ben buradan bi kurtuluvereyim, Candarma'ya gidivermezsem ...

Kaynanasının elinden kurtulur kurtulmaz, evine koştu Sakine. Küçücük bedeni evinin içinde devleşti. Yatakları yorganları devirdi, çocukların korku dolu ağlayışlarına aldırış etmeden duvarları yumrukladı, mutfaktaki bulguru, çayı yerlere saçtı, gücü tükenince yığılıp ayaklarını yere vura vura çığlık ata ata ağladı.

Böyle günlerde bebelerinin biri anadan doğma, biri donla, biri elinde ekmeğiyle avluya kaçışır, analarının sesi kesilinceye kadar bekler; kesilmedi mi babaannelerinin kapısında alırlardı soluğu. Sakine'nin sakinleşmesi saatleri alır, akşama doğru dağıttığı her şeyi toplar. Ardından çocukların eve yetişmesini beklerdi. En büyükleri on bir yaşındaki Fatmagül, dört kardeşini toplayıp girerdi evine. Bebeler, korkularından saatlerce seslerini çıkaramazlardı.

Pembe, olup biteni izlerken geldiği yerdeki anıları hafızasında canlanınca, ne kadar uzak da olsa, dilleri farklı da olsa zulmden hiç kaçamayacağını anladı. Tarlanın da kaynanasının da tüm işlerini sesini çıkarmadan yaptı.

* * *

Pembe, her sabah kulağında çınlayan çığlıklarla uyanıyor, akşamları Mehdi'nin eve gelmeyeceğini umarak yatağa giriyordu. Ne yapsa da yabancı hissediyordu kendini buralara, Sakine de olmasa yüzünü göreceği, iki laf edeceği kimsesi yoktu. Ne kadar istemese de kaynanasıyla iyi geçiniyor, bir lafını ikiletmiyor, tüm işine Sakine ile birlikte koşturuyordu.

Amca kızından kardeşinin haberini almıştı. Amcasının ablasını da kendisini de gözü kapalı bilmediği adamlara başlık parası uğruna vermesine sinirlenen kardeşi, evi terk etmişti. "İstanbul'a gidiyorum, çalışmaya. Ablama haber edin, beni merak etmesin," deyip, 15'inde yollara düşmüştü.

Pembe, artık gidecek yeri olmadığından her şeyi kabulleniyor, denilenleri itiraz etmeden yerine getiriyordu. Bebeğinin olacağını haber aldığında da bebeğini kucağına aldığında da umutsuzdu Pembe.

İçinde büyüyen nefrete karşın, sessiz ve itaatkâr görünüyordu.

Akşamları ise daha büyük bir kabusa dönüşüyor, Mehdi'nin genelde sarhoş halleri onu korkutuyordu. Mehdi'nin de İbrahim'in de şehre varıp, günlerce gelmediği zamanlarda Sakine'nin evine gidiyor, çocuklarla ilgileniyor, gizliden sigara içip, sessizce gülüyorlardı. Bazen dertleşiyor, Pembe hüzünle anasını anımsadığı anlarda bir türkü yakıyor, öyle zamanlarda Sakine'nin güleç yüzü hemen büzülüyor, ağlamaya başlıyordu.

* * *

Pembe, iki yılını geçirdi bu evde. Tek bebeğiyle, oradan oraya koşturdu, akşamları Mehdi'nin yolunu gözledi.

Sakine aradan geçen zamanda iki kez eşyalarını toplayıp, çocuklarını yanına alıp babaevine gitti. İkisinde de istemeye istemeye geri döndü.

Sakine, sonu gelmez dayakların birinde sinirlenip eve girmiş, saçını başını toplayıp en küçük bebesini kucağına alıp çıkmıştı avluya. Bebeleri peşinden koşmuş, kaynanası "Gel üstüne bakıvercem. İbrahim'in paralarını çalıveriyon, gel buraya," diye üstünü aramaya koyulmuş, Sakine yine dövüşle çıkmıştı avludan dışarı.

Babaevine girdiğinde, eskisi gibi sevinç yaşamamıştı. Her seferinde onu geri göndermelerinden, sevgisizliğini, değersizliğini, güvensizliğini hissetmiş ama yapacak başka şeyi olmadığından yine de çalmıştı kapıyı.

Oysa babasına, anasına, kardeşlerine öyle düşkündü Sakine. Yedi kardeşin en büyük ikincisiydi. İlkokulu okumuş, daha da okumak istemiş ama dedesi 'Kız çocuğu ne okuyacak, kocaya varacak,' deyince, dizini kırıp oturmuştu evinde. Okulu öyle sevmesine karşın ne dedesine ne de dedesinin sözüne uyup onu okuldan alan babasına kızmıştı. Anasına, babasına, kardeşlerine bitmek bilmez bir sevgisi vardı. Küslüğü dakika sürer, dağları yıkacakmış gibi duran kızgınlığı bir anda geçerdi. Ele avuca sığmaz olsa da deli dolu olsa da tek bir fiske yememişti Sakine onlardan.

On dördüne girdiği yaz, ilk kez görücüler çalmıştı kapılarını. Babası, "Komşudur, yabancıya gitmesin," diye vermişti Sakine'yi köyün zenginlerinden Süleyman Yağız'ın oğlu İbrahim'e...

Sakine, şimdi hayatını zehir eden o avludaki küçük bir eğlenceyle girmişti dünya evine. Kısacık boyu, minicik bedenine giydirmişlerdi beyaz gelinliğini. Beline kadar uzanan sarı saçlarını iki yanına sarkıtıp, al yanaklarını boyamışlardı.

İbrahim ise uzun boyu, geniş omuzları, esmer teni, saçı sakalı birbirine girmiş hali, öylesine üzerine geçirdiği gömlek pantolonuyla damattan çok konukların birini andırıyordu düğünde.

Rakılar içilip, yemekler yenmiş; ortalıktan el ayak çekilince birden büyümüş hissetmişti Sakine kendini. Avlunun en sonundaki eve İbrahim'le ayak basarken, kaynanasının nefret dolu bakışlarından anlamıştı hayırlı bir iş yapmadığını.

O günden beri tüm dünyası bu büyük avluydu Sakine'nin. Evlenene kadar hiç yalnız kalmamıştı. Oysa evlendikten sonra yalnızlığı kaderi olmuştu. İlk zamanlar tarladaki işler bitip de evine çekildi mi yapacak bir şey bulamadığından evdeki eşyaların yerlerini değiştirir durur, yorulup kaldığı divanda sanki karşısında biri varmış gibi konuşur bulurdu kendini. Dalgınlığı geçip de halinin farkına varınca güler, bazen avluda deli gibi bir kediyi, bir köpeği kovalar, kaynanasına görünmeden oyalanmanın yollarını arardı.

Ne zaman kaynanasına yakalansa, küfürlerin, tehditlerin, hakaretlerin hatta dayakların sonu gelmezdi. İlk çocuğu Fatmagül'ü kucağına aldığında da değişen bir şey olmamıştı. İkinci çocuğuna hamileyken de...

Ne yapıp etse de dayakların sonunun gelmeyeceğini anlamıştı. Beş yıl önce kaynanası bu kez tuğlayla kafasını yardığında, küçücük bebesini kucağına aldığı gibi Jandarma'ya koşmuş, iki genç askerin kolunda avluya dönmüş, tüm nefretini kusarak kaynanasını şikâyet etmiş, ardından jandarmaların arasında baba evine girmişti. Gebeydi, yine de kararlıydı, inatçıydı en azından umutluydu. İbrahim'in tüm ısrarlarına rağmen yine de dönmedi oraya. Ta ki ikinci çocuğunu baba evinde kucağına alana kadar. Anasının, "Ben de çok çektim Sakine, kaynanamdan çok dayak yedim. Çekeceksin başka çaren yok," demelerine dayanamayıp, yeniden gelmişti bu eve. Gelinin şikâyetiyle mahkemelik olan Gülten kaynana ise geçip giden bu günler boyunca, pencere kenarında sabırla Sakine'nin geleceğini beklemiş, gördüğü günden bu yana da mahkemelik olmanın hıncını kat kat ağırlığınca çıkarmıştı.

Ardından üç çocuk daha yapmıştı Sakine, beşinci çocuğunu kucağına aldığında yirmi yedisine varmıştı. Kaynanasının dayakları, İbrahim'in suskunluğu pençesine düştüğü bunalımları kat kat katlıyor; bazen kendini kahkahalarla gülerken buluyor, ardından hıçkıra hıçkıra ağlamaya başlıyor ruhunda geçip giden bu değişikliklere kendi de anlam veremiyordu.

Baba evine son gidişinde beş çocuk vardı sırtında. Daha eve girer girmez, anasının ayrı babasının ayrı ısrarlarına karşı koyamamıştı. On üç gün boyunca kaldığı evde, artık ona yer olmadığını anlamıştı. Geri dönmekten başka çaresi olmasa da İbrahim ilk kez kapıyı çalıp, dönmesini istememişti.

Sakine, on üçüncü günün sonunda, bebelerini alıp, yola koyulmuştu. Temmuz sıcağının altında ayağını sürüye, sürüye hiç istemeden o avluya doğru yol alırken ardında güleç yüzünü, umutlarını, isteklerini bırakmıştı.

* * *

Pembe, avluyu yıkarken Sakine'nin minicik bedeninin yaklaştığını gördü. Yokluğunda öyle çok özlemişti ki onu, öyle yalnız kalmıştı ki. Çocukları karşılayıp, Sakine'ye yardım etti. Sanki Sakine hiç gitmemiş gibi çay yapıp, sigara içtiler. Pembe, çocukların elbiselerini yerleştirirken İbrahim geldi. Hiç sesini çıkarmadan yorganların arasında saklı duran Sakine ile Pembe'nin kimliklerini aldı, annesine götürüp "Saklayıve şunları da kaçıp etmesinler ..." dedi.

Sakine, kendini hapsedilmiş hissediyordu. Artık gidecek yeri de umudu da kalmamıştı. Ertesi sabah Pembe, avluya çıktığında Sakine'yi ortalarda göremedi. Çocuklara sordu. Onlar da analarının daha yataktan kalkmadığını söyledi.

Pembe, aralık kapıdan içeri girdiğinde Sakine'yi yatakta yatmış, gözlerini tavana dikmiş hareketsiz durduğunu gördü. Yatağın kenarına oturup, anasının ardından söylediği dertli türkülerden birini söyledi, Sakine'yi yatağında ağlattı.

– Başım çok ağrıveriyo Pembe.

– ...

– Keşke sen gibi oluvereydim Pembe. Sen gibi dilsiz, anlamaz oluvereydim.

Oysa Pembe, yavaş yavaş her şeyi anlamış, geceler boyu kaynanasının olmadığı türlü hayaller büyütmüştü. Mehdi'nin gelmediği geceler başka kadınlarla olduğunu bilirdi. Gelmediği geceler, geldiği zamanlarda yorganların arasına sakladığı beyaz gri pembe haplardan ne işler çevirdiğini tahmin ederdi. Görülmemezlik, duyulmamazlık, sevilmemezlik onu lal'e çevirse de ta içinde her an patlamayı bekleyen bir öfke dalgası büyüyordu. Sakine'nin onun gözlerinde gördüğü yabanilik aslında nefret dağından başka bir şey değildi.

Mehdi'nin yorganların arasına sakladığı haplardan birini yanına getirmişti. Kırıp yarısını Sakine'ye içirdi, diğer yarısını da kendi içti.

— Pembe, dayanamıyom gari. Bubama gidiyom olmuyo, candarmaya gidiyom olmuyo, mahkemeye gidiyom olmuyo

— Dayanacan Sakine.

— Dayanamıyosam ya?

— Ya napcan?

— Bilmiyom...

— ..

— Kalk gari.

— Napcaz?

— Kalk gari, saçımı tarayıve.

— Nerden çıktı kız.

— Bilmiyom Pembe, ruhum sıkılıveriyo. Saçımı tarayıve, bakıve anam bu eşarbı alıvermiş bana.

Sakine'nin başlattığı bu oyuna Pembe de hemen ayak uydurdu. Birden ruh halleri değişti, matem havasından çıkıp çocuklar gibi şen oldular. Giyinip, süsleniyorlar; ruj sürüp birbirlerinin saçlarını topluyorlar, ne kaynanalarının seslenmelerine yanıt veriyorlar ne de çocukların ağlamalarını duyuyorlardı.

Sakine, giyindiği yerde eline aldığı saç fırçasıyla şarkılar tüttürüyor, Pembe kalçasına sardığı tülbentle göbek atıyor, iki kadın tüm dünyayı boşvermişçesine eğleniyor, neşelerinin kaynağını ise bilmiyorlardı.

Tam dört saat sonra kapı açıldığında, Gülten kaynana evlendiklerinden beri ilk kez Sakine'nin evine adım atıyordu. İçeride iki gelinin süslü, rujlu, gülen hallerini görünce ne yapacağını şaşırdı.

– Sakine napıveriyon?

– Eleme bene ana.

– Oğlun donsuz çıkıvermiş dışarı.

– Sanane.

– Görün şimdi.

Gülten kaynana, avluya çıkıp Sakine'nin oğluna donsuz bahçeye çıktı diye bir şamar patlatınca genç kadın neye uğradığını şaşırdı. Ne boyuna, ne küçücük bedenine, ne kalçasına sardığı tülbente ne de dudağındaki ruja aldırmadan avluya koşup kaynanasıyla dövüşe koyuldu.

Pembe'nin yardımıyla iri yarı kadını kendi evinin içine soktu. O an sanki gözü döndü Sakine'nin. Pembe'nin yere yığıp, ellerini tuttuğu kaynanasının üzerine kapının arkasında duran keserle saldırdı. Kaç kez vurduğunu, kaç kez vurduklarını bilmiyorlardı. Yaşlı kadının acı çığlıkları da avluda ağlaşıp duran bebelerin feryatları da üzerlerine sıçrayan kanlar da ikiliyi durdurmaya yetmiyordu. Yaşlı kadının sesi kesilinceye dek sürdü bu hırpalama.

Ardından, kadının üstünü soyup içerideki yatağa taşıdılar. Sakine, yere saçılan kanları temizlerken o ara kapı açıldı. İçeri giren tüm heybetiyle, Sakine'nin kocası İbrahim'di.

İbrahim, yerdeki kanları ve kapı aralığından yatağın üzerinde paramparça olmuş bedeniyle anasını gördü. Sakine hiç tahmin etmemişti İbrahim'in geleceğini. Olanların hiçbirini tahmin edemediği gibi.

İbrahim'i karşısında görünce, duvardaki tüfeğe koştu, boyundan büyük tüfeği eliyle zar zor tutup, ateşledi. İbrahim'in bedeni yere yığılırken; oğlunun ardı sıra evinin yolunu tutan Süleyman, avludan duyduğu silah seslerine doğru koştu.

Sakine, kaç kez kendini dayaktan kurtaran, koruyan, kollayan kayınbabasını karşısında gördüğünde gözünü kırpmadan elindeki tüfeği yeniden ateşledi.

Pembe, Mehdi'nin her an çıkıp geleceğinden korkuyordu. Evdeki, yorganları, yatakları karıştırıp kimliklerini aramaya koyuldu ama bulamadı. Sakine, son sığındığında onu yeniden karga tulumba bu eve gönderen babasından hıncını almak ister gibi hemen telefona sarıldı:

— Buba ben kaynanamı öldürüverdim.

Pembe, deliler gibi evin içinde kimlik ve para ararken, Sakine kayınbabası ile kocasının arasına oturmuş odanın açık kapısından kaynanasını izledi. Öyle ki içindeki nefret hâlâ tükenmemişti. Birazdan yaşlı kadının ayağa kalkıp, "Ne oturuveriyon, kalk işleri yetiştirive," diye bağıracağını düşünüyordu.

Çok geçmeden babası amcası ile kapının önüne geldi. Ta ki kapıdan içeri girene kadar, inanmamışlardı öyle hayat dolu bir kadının bu cinayetleri işleyebileceğine. İçeri girdiğinde, kızını elinde tüfekle donakalmış buldu.

— Sakine kalkıve, Sakine!

— ...

— Candarma'yı arayıverem, alıversinler seni.

— Olmaz buba, götür beni nolur.

— Kızım, bulmayacaklar mı bunları.

— Buba beni niye veriverdin bunlara, kaç kez geliverdim niye kovaladın. Bari bu kez sahip çıkıve.

— Sakine, eğer candarma şimdi geliverirse, bizi de yardım yataklıktan götürüverir. Ortada kalır o kadar kardeşlerin, anan.

Pembe, Sakine'nin elinden tutup, ayağa kaldırdı.

— Kaçacaz. Siz de görmediniz biz de. Gidin.

Pembe ve Sakine, üstlerini temizleyip, yola koyuldular. Arkalarında Sakine'nin beş, Pembe'nin bir bebesi. Kiminin ayağında terlik var, kiminin ayağında çorap bile yok, Sakine'nin babasından aldıkları parayla, otoyola kadar çıkıp, kasabaya giden bir otobüse bindiler.

Otobüstekilerin şaşkın bakışları arasında koltuğa otururken Sakine'nin hâlâ aklı yerinde değildi. Bazen şoföre, "Hemşerim hızlı sürüve," diye bağırıyor, bazen çocuklarının terliklerini giydiriyor, üstlerini başlarını düzeltmeye uğraşıyor, bazen de Pembe'nin yüzüne bakıp, saçlarını okşuyordu:

– Bitti de mi? Bitti hı?...

Bolvadin'e vardıklarında, gece çökmüştü. Otobanda ne yapacaklarını bilmeden çevrelerine bakıp durdular. Pembe, "Afyon'a gidek," dediğinde, Sakine yolcuların bakışlarından korktuğundan yeniden otobüse binmek istemedi.

Sakine az önce üç cinayet işlediğinden sanki herkesin haberinin olduğunu düşünüyordu. Kimle göz göze gelse gözlerini kaçırıyor, yere bakıyor, sürekli oraya buraya koşuşturan çocuklarını toplamaya çalışıyordu. Tek isteği bir an önce bir yere sığınmaktı. Son kez babasının yanına sığınmak istediğinde aldığı yanıt hâlâ içini yakıyordu. Pembe'nin elinden tutup, ara sokaklarda yürümeye koyuldu. Şalvarı, terlikleri, dağınık saçlarının ucuna tutunmuş tülbenti, ağzında varlığı belli olmayan ruju ve boyalı yüzüyle sokaklar boyu herkes ona bakmaktan kendini alamıyordu.

Yürüdüğü sokakta, küçük bir pansiyon bulmuştu Sakine. Vakit geceyarısına varırken, kucağında bir bebesi, ardında Pembe'ninkiyle birlikte beş çocuk, diğer elinde Pembe pansiyonun kapısından girdi. Öyle bitik, öyle kötü görünüyordu ki. Pansiyon sahibinin garip bakışlarına aldırmadan yardım diledi:

– Abi, biz köye gidivecektik ya otobüs kalmayıvermiş.

Kimlik de kayıp, para da. Bize sahip çıkıve abi. Bu gece galıverek.

– Kimlik yoksa alamam kızım. Git başka yere sor.

– Abi, sokağa koyuverme bak bu kadar çocuk. Bir oda verive abi.

– Olmaz dedim kızım. Başımı belaya mı sokacan.

Sakine, otelden çıkıp yollara daldı. Ara sokaklarda bebeleriyle başıboş yürüyor, nefes nefese tüm ışıklara bakıyor, sığınacak bir yer arıyordu. O sırada Pembe, kulağına fısıldadı:

– Sakine ardımızda adamlar var.

– Napıvercez Pembe?

– Bilmem.

Sakine, arkalarında yürüyüp laf atan iki adamdan öyle korktu ki. Hangi sokağa sapsa, nereye gitse kurtulamıyordu. Sonunda, Pembe'ye sormadan karşısına çıkan ilk kapıyı çaldı.

Yaşlı bir kadın korkuyla açtı kapıyı.

– Teyze biz kayboluverdik.

Sakine aslında yardım isteyecekti. Ama yaşlı kadının kendisini tiksintiyle süzüşüne öyle öfkelenmişti ki. Gözünün önündekinin yabancı bir kadın değil de Gülten kaynananın ta kendisi olduğunu düşündü. Sakine'ye göre Gülten kaynana o an canlanmış, karşılarına çıkmıştı. Az daha dursa başının üstünden önce İbrahim, ardından Süleyman çıkacaktı. Pembe ise Sakine'nin birden bire tüm vücudunun titremesine, yüzünün solmasına anlam verememişti.

– Teyze polisi arayıver de geliversinler. Biz kayboluverdik.

Sakine hiç aklında yokken, teslim olmayı düşünmüştü. Gülten kaynanası sandığı kadının kapısının önünde, polisin gelmesini bekledi. Son beş saattir yaşananlar öyle çabuk gelişiyordu ki kendi de hiçbir şeye anlam veremiyordu artık.

Polis gelip, çoluk çocuk hepsini toplayıp arabaya doldur-

duğunda, Sakine bir yere sığınmayı öyle istiyor; Pembe ise
kendisinin en yakın arkadaşı tarafından terk edildiğini, iha-
nete uğradığını düşünüyordu.

– Abi bizi karakola götürüve bi zahmet, diyeceklerim var-
dır komisere.

– Ne diyecen bize de.

– Sana diyivermem, komisere derim.

Polis arabasına doluşup, karakola doğru yol alırken bir-
birlerine bakmadılar bile Sakine ile Pembe. Çocuklar her
şeyden haberdarmış gibi uslu ve suskundular. Karakol-
dan içeri girdiklerinde, kendilerine gösterilen odanın yolu-
nu tuttular. Üç ayrı masada birer polis, önlerindeki bilgisa-
yar ekranına gömülmüş duruyorlardı. Hiçbiri kafasını çevi-
rip bakmamıştı bile. Polis arabasındayken, korkudan kalbi-
nin atışlarına engel olamayan Sakine, polislerin bu umursa-
maz davranışlarına anlam verememişti.

Kucağında bebesi, ardında perişan beş çocukla ortaya ses-
lenmişti:

– Komiserim, ben adam öldürdüm.

Masada oturan polislerden biri başını kaldırıp, Sakine'nin
küçük bedenini süzdü. Kucağındaki ve ardındaki bebelere
bakıp güldü:

– Abla sen ne kullanıyon?

– Valla diyom. Beş saat önce üç dene...

– Abla dalga geçme akşam akşam. Kalcak yeriniz yoksa
burda da yok. Karakol burası karakol. Git evine.

– Valla diyiverem. Üç tane adam öldürüverdim.

– ...

– Ya yok mu sizin arama şeysiniz. Benim adım Sakine iş-
te diyiveriyom.

Mesai arkadaşıyla Sakine'nin konuşmasını gülerek izleyen
diğer polis araya girdi:

– Abla sen bu boyunla kimi öldürecen? Bu kadar çocukla.

Alaya alma bizi işimiz var.

– Valla diyom. Ortanca Köyü'nde saat beşte.

– Abla git işine yazıktır bak bu çocukları da takmışın peşine.

– Şahidim de vardır. Ahan da orada.

Eliyle sıra sıra dizilmiş çocukların en arkasında, sessizce duran Pembe'yi göstermişti Sakine. Pembe yine sesini çıkarmamıştı.

– Pembe deyiver öldürmedik mi?

– ...

Pembe alışıktı Sakine'nin deliliklerine, ama kaçacağız derken bir karakola sığınmasını affetmemişti. Kısacık ömründe ilk kez itiraz etmiş, ilk kez isyan etmiş, ilk kez kurtulmak için çabalamış, o karanlık sokaklarda yürürken aslında apaydınlık bir gökyüzünü izlemiş, sokaklar bitince oğlu ve tek arkadaşıyla güneşli bir güne uyanacağını ummuş, kardeşini bulmak için ertesi gün İstanbul yoluna düşeceğini hayal etmişti. Tüm bunlar için sonuna dek güvendiği Sakine, polisleri çağırıp bu karakola girinceye kadar içini ilk kez umut sarmıştı. Ama şimdi Sakine'ye karşı hınçlıydı. Polislerin alaycı bakışları arasında eziliyor, başına neler geleceğini tahmin etmeye çalışıyor, babasının hallerini düşündükçe kucağında her şeyden habersiz duran bebesine sarılıyordu.

– Sizin arananlar şeysiniz yok mu çıkarın oradan bakıverin gari.

Üçüncü polis, durumdan şüphelenmiş, diğerlerinin yanına gidip, bilgisayara bakmalarını istemişti. Ortadaki polis istemeden ellerini klavyeye götürürken, bir yandan da Ortanca Karakolu'nu aradı. Telefondaki ses, köyde üç cinayet işlendiğini söyleyince gözleri büyüdü, ayağa fırlayıp bağırmaya başladı:

– Yakalayın, yakalayın adam öldürmüşler.

Sakine, polisin ayağa fırlamasından korkup aynı hınçla bağırdı:

– İlla yakalayacanız ya, teslim olunca almıyonuz!

– Yakalayın, yakalayın!

– Kaçmıyom gari ne bağırıveriyo

Sakine'yi ve çocuklarını bir nezarete, Pembe ve oğlunu bir nezarete koyup, amirlerine haber verdiler. Polis müdürü içeri girip de nezarette çocuklu iki genç kadını görünce şaşırdı, cinayetleri bu iki kızın işleyeceğine inanmadı. Önce Sakine'yi çekti sorguya:

– Neyle öldürdün?

– Kaynanamı keser ile kocamla kayınbabamı tüfek ile.

– Niye öldürdün?

– Kaynanam kızıverdi çocuk donla avluya çıktı diye.

– Kızdı diye adam mı öldürülür?

– Tokat da atıverdi.

– Hadi onu ondan öldürdün, diğerlerini?

– Kocam da ses çıkarmıyodu kaynanamın dayaklarına.

– Kayınbaban n'aptı peki?

– Kayınbubamı çok severdim. Onu öldürmeyeceydim. Çok eyi insandı. Ama üstüne geldi. Gelince korktum, bastım tetiğe. Gülerek öldü zati. Ardından da iyi konuştum hep buraya gelene kadar.

– Çok severdin de adamı kafasından vurmuşsun nasıl isabet ettirdin?

– Bilmeyiveriyom ben neresine geldi.

– Tek kurşun var kafasında, sen mi öldürdün doğru söyle.

– Neye yalan söyleyiverem. Ben öldürdüm işte.

– O tüfek senden büyük, nasıl tuttun o tüfeği?

– O sinirle karşımda sen olsan, seni de öldürürdüm.

– Seni asarım şimdi şu askılığa. Yandaki kadın kim?

– O Türkçe bilmez doğru düzgün.

– İyi sen git de çocuklar ne olacak?

– Bubama teslim et abi.

Komiser, Pembe'yi de sorguya çektikten sonra polislerin yanına gelmiş, "Biz vurduk diyorlar ama bana inandırıcı gelmiyor," demişti. Tüm gece süren polis sorgusunda, Sakine olayı anlatırken bazen ağlayıp, bazen gülmesiyle; minicik bedeniyle ne dese de kimseyi inandıramamıştı üç cinayet işlediğine. Pembe de olmasa neredeyse suçsuz deyip salıvereceklerdi ayaklarıyla geldiği karakoldan.

Savcılık da Mahkeme de öyle kısa sürmüştü ki Sakine bir anda kendini cezaevinde bulmuştu. Cezaevine girdiği ilk günlerde de ne yaptığını bilmiyordu. Bazen ağlıyor, bazen kahkahalarla gülüyordu. Ama geceleri, yatakta dönüp duruyor, bilekleriyle ranzanın demirlerini dövüyor; koğuştaki diğer kadınlar çığlıklarına yetiştiğinde Sakine'yi kabuslar içinde kıvranırken buluyorlardı.

İlk zamanlar uyurken Sakine'nin bileklerini demirlere bağlamakta çareyi bulmuşlardı, sonraları ayaklarını da çorapla bağlıyorlardı. Kaç kez revire gitmesi için gardiyanlara haber etmelerine rağmen, Sakine gitmek istemiyordu. İki ay boyunca Sakine yaşadıklarının hiçbirinin farkında değildi.

Geceleri, cinayetlerin tekrarlandığı kabuslarla çevriliyor; gündüzleri çocuklarının hasretinden nereye saldıracağını bilmiyordu. Koğuş arkadaşları, inatla revire gitmeyen Sakine'yi artık dalgaya alıyorlar, ona inanmıyorlardı. "Sakine, sen cezadan kurtulup, hastaneye gitmek için bunu yapıyorsun ama bir rahat ver gözünü seveyim," diye bağırıyorlardı o kriz anlarında. Bir hafta sonra Sakine arkadaşının dolabındaki aynayı kırıp, bileklerini kesene kadar herkes Sakine'nin numara yaptığını sanıyordu. Ta ki lavaboda tüm bedeni kana bulanmış Sakine'yi görene kadar, içinin nasıl yandığını anlamamışlardı.

Hastanede Sakine'yi kurtarmışlar, kabuslardan ve sürekli değişip duran ruh halinden kurtulması için avuç dolu ilaçlar verip geri göndermişlerdi. İçeri girer girmez, müdürden bir de kâğıt gelmişti, ziyaret yasağına dair. O zaman koğuş sorumlusu yaşlı kadın, Sakine'nin yanına gitmiş, sarılmış, "Bak kızım, bunu yaparsan bir daha sana ağır cezalar verirler. Çocuklarını aylarca göremezsin, görüşe çıkartmazlar," dediğinde, Sakine bir daha kendine zarar vermemeye yemin etmişti.

O günden bu yana uyumaya hazırlanırken, bileklerini de ayaklarını da kendiliğinden bağlayıp, yatağa girer olmuştu. Dört kez mahkemeye çıkarmışlar, dördünde de duruşma salonunda gördüğü Pembe bir kez olsun yüzüne bakmamıştı.

Pembe, duruşmalar boyu konuşmamıştı. Sakine ise aklına ne gelirse anlatmış, kaynanasıyla yaptığı en ufak kavgaları en ince ayrıntısına kadar söylemiş, bazen sinir krizleri geçirerek duruşmadan çıkarılmıştı.

O sinir krizi anlarından birinde mahkeme açıkladı kararını. Hiçbir şey anlamadan cezaevinin yolunu tutan Sakine, elleri kolları bağlı getirildiği revirde günler sonra öğrendi aldığı cezayı. Bir asır kalacaktı bu odada. Bir asır yaşlanıp, çocukları bir asır daha büyüyene dek kalacaktı.

Şimdi sahipsiz kalan o avlunun lanetinin üstünü başını, aklını dilini, saçını başını nasıl da sarıp sarmaladığını hissetti. Kaynanasının paramparça olmuş bedeninden uçuşup üzerine kapanan lanetinden nefes alamadığını düşündü. Pembe'yi de dilsiz koyan o lanetin çocuklarını da kavuracağını sandı. Sandığı gibi ellerini, ayaklarını bağladığı yatağında çırpınıp durdu.

Sesini duyuramadı...

Cinayet, Türkiye'nin gündemine oturdu. Gazeteler onlardan "Cani Eltiler" diye bahsetti.

Sakine, kocasını ve kayınbabasını öldürme suçlarından 2 müebbet hapis cezası aldı. Kaynanasını öldürme suçundan aldığı müebbet hapis cezası ise tahrik nedeniyle 15 yıla indirildi.

Pembe, olay olduğunda 18 yaşından küçük olduğundan her cinayet için 10'ar yıl, toplam 30 yıl hapis cezası aldı.

İki elti ayrı cezaevlerine yerleştirildi. Birbirleriyle bir daha görüşmediler.

HELAL

Dolabından başörtüsünü çıkarıp yavaşça başına örttü. Seccadeyi çıkardı, Kuranı Kerim'i ve tespihini. Hepsini tek tek yatağının üzerine bıraktı, abdest almaya gitti. O sırada gardiyan kadın kapıdan seslendi:

– Zehra! Ziyaretçin var. Annen gelmiş.

Şaşırdı Zehra, ama hiç tepki vermedi. Hatta gardiyanın sesini duymamış gibi ağır adımlarla banyoya yürümeye devam etti. Yürürken, bir an dizlerinin titrediğini fark etti, kalbinde anlamsız bir çarpıntı hissetti, ürperdi. Ama hepsi çabucak geçti.

Abdestini alırken, ne yapacağını düşündü. Koğuşun üst katına çıkarken, kıbleye yüzünü dönerken ve başını seccadeye koyarken ne yapacağını düşündü. Namazını bitirip dizlerinin üzerinde tespih çekerken ne yapacağını düşündü, yanıt bulamadı.

Abdest, namaz ve dua okuma bahaneleriyle kendi kendini oyaladı durdu gitmemek için. Bir anda küçücük, korkak bir çocuk oluverdi. O yaralı, kaçak göçek, yalnız kız çocuğu. Zamanı daha da erteleyemeyeceğini anlayınca aynı yavaş hareketlerle yerinden doğruldu, seccadesini katladı, Kuran ve tespihi üst üste koyup özenle dolabına yerleştirdi. Sonra içinden "affet" dedi Zehra.

"Affet..."

Bunu nasıl yapacağını bilmiyordu. Nasıl affedeceğini. Denemek için belki de önce üzerini değiştirdi, ardından kapıya doğru ilerledi, gardiyanı çağırdı, ardına düşüp görüş kabinlerinin bulunduğu kata doğru yol aldı. Ağır döner kapılardan, retina taramalarından geçerken yavaştı, koridorlardan yürürken ve merdivenlerden inerken de aynı yavaşlıktaydı. Başına sıkı sıkıya bağladığı tülbenti, onun üzerine yerleştirdiği başörtüsü, gövdesini saran beyaz boğazlı kazağının altından topuklarına kadar uzanan siyah eteği ile giyimindeki özen ve uyum bu olağandışı yavaş hareketleriyle tam bir tezatlık oluşturuyordu. Beyaz kazağı, esmer tenini daha da ortaya çıkarıyor, kara kalın kaşlarının altından iri kirpiklerinin süslediği gözleri içindeki karmakarışık duyguları hırçın bakışlarıyla ortaya koyuyor, ayakuçlarını örtüp neredeyse yere değen siyah eteği boyunu daha da uzun göstererek onu ulaşılmaz, dokunulmaz kılıyordu. İçindeki o hisleri, birbirine mıhlanmış gibi duran dudakları, altından öne doğru uzanan belirgin çenesi ve kemerli burnunun kendiliğinden yüzüne kondurduğu sert ifadeye güvenerek, gizlediğini sanıyordu. Gözlerini, önünden ona ayak uydurmak için aynı yavaşlıkla hareket eden kadın gardiyanın adımlarına dikmiş, yürüyordu.

Sonunda uzun ve karanlık koridora vardı. Sağ tarafında, birer metrekare aralıkla konulmuş paravanların ayırdığı görüş kabinleri bulunuyordu. Her kabinde mahkûmla ziyaretçisinin birbirini görmesini sağlayan cam pencereler, kırılmalarını engellemek için diklemesine konulmuş ince tel demirlerle korunuyordu. Pencerelerin öte yanlarında birer tabure ve konuşmalarını sağlamak için birer telefon bulunuyordu.

Neredeyse hiç ziyaretçisi gelmeyen Zehra, uzun süredir inmediği görüş kabinlerine kafasını çevirip bakmadı bile. Yürüdükçe tek tek yanmaya başlayan ışıkların altında gölgesinin nasıl da uzadığını izledi, son ışıkta annesinin o kabinde kendisini beklediğini hissetmiş gibi aniden başını çevirdi. Yaşlı kadın, kabinin öte yanındaydı.

Kabine girdi, tabureye ilişti, başını kaldırıp, annesine baktı. Onu gördüğü anda da içini bir şaşkınlık kapladı. Yüzüne dikkatlice bakıp, inceleme ihtiyacı duydu. Karşısındaki kadın, toplu yüzü, buğday teni, küçük burnu, ince dudakları ve dudakları ile burnunun arasındaki beniyle hiç mi hiç kendisine benzemiyordu. Kalın ve biçimsiz kaşlarının altında küçülüp kalmış kahverengi gözlerine uzun süre baktı, tanış bir şey bulamadı. Aslında babasına daha çok benzediği düşüncesi onu rahatsız etti.

Annesinin o sırada telefona uzandığını görünce kendi de telefona uzanıp, kulağına götürdü. Ama nasıl hitap edeceğini bilemedi, "anne", "Refika", "Refika Hanım", "Hanımefendi" hepsi yabancı geliyordu.

Hiçbir şey söylemeden mi başlamalıydı lafa: "Merhaba", "Nasılsınız", "Hoş geldiniz" ya da en iyisi "Niye geldiniz".

Sorular daha da hırçınlaştırıyordu onu, içindeki küçük kız çocuğu yüreğinin üzerinde hoplayıp zıplayıp dışarı çıkmak istiyordu. Kırkına merdiven dayamış Zehra, küçükken mahallenin başında nasıl da akşama kadar kımıldamadan annesinin yolunu gözlediğini anımsadıkça ağlamak istiyordu.

O sabah, beş yaşına girdiği günün ertesi günlerinden bir sabah, yer yatağında yanından kalkıp gitmişti annesi. Gittiği anda soğuk bir rüzgar tenine işlemiş teninden yüreğine salınmış yıllarca içini titretmişti.

Annesizliği ah o bütün günahlarını içine doldurduğu annesizliği...

Elinde telefon, "Ben seni çok bekledim anne," demek istedi, "Kimse beklemedi, babam daha ayında eve bir kadın getirdi, o kadın bizi öyle çok dövdü ki babam sabah işe gider gitmez divanın altına girip saklandım. Karanlıktı bekledim, divanın üzerine serdiğin kırmızı örtüyü açıp beni bulacaksın, dışarı çıkaracaksın diye bekledim," demek istedi.

Öyle yabancıydı ki karşısındaki diyemedi.

"O kadın bizi çok dövdü anne, beni de kardeşimi de istemedi," diye şikâyet etmek istedi. "O kadın yüzünden babam beni okuldan aldı; ağladım, yalvardım, sızlandım dinletemedim, sen gelirsen elimden tutar okula götürürsün diye bekledim," diyecekti, olmadı.

"Babam sonunda dayanamadı, beni İstanbul'a amcamın yanına gönderdi, amcam beni kızından ayırdı. Ona doğum günü yaparken beni yan odadan bile çağırmadı, çıkıp kaldırımlarda ağladım sen beni bulursun diye sokaklarda koştum," diyemedi.

Çocukken yaşadıklarını tek tek hafızasına not etmişti. Annesi gelince anlatacaktı, "Sokakta bir başıma ağlarken bir dede bana acımış, karısına demiş o kızı oradan kurtar diye. Adam ölünce kadın beni amcamdan istedi, amcam gözü kapalı beni bilmediği evlere verdi. O kadın bana çok iyi baktı ama ben orada bile seni bekledim," diye anlatamadı.

"Babam geri gelip beni aldı, daha 14'ümde yoktum bir adamla evlendirdi. Biliyor musun anne çok zordu. Menenjit geçirmiş çocukken, geri zekâlıydı. Evin içinde zıplar, oynardı. Gündüz altını değiştirir, gece yatağına girerdim. Gidecek yerim yoktu, geceleri hep sana ağlardım," diyecekti, sustu.

"Ben de anne oldum o zamanlarda. Seninkinden daha kötü kocam vardı, daha kötü kaynanam. Beni sevmezlerdi ama çocuklarına bakıyorum diye de ses çıkarmazlardı. O kötü günlerde kızımla ayakta durdum, kızımı bırakmadım, sen niye beni bıraktın anne?" diye soramadı.

"Biliyor musun boşanmak isteyince çok olaylar oldu. Kaynanam bir kâğıt gösterdi bana meğer beni evlendirmek için babam çok para almış. Boşanırsam o parayı geri alacaklarmış, yine de boşandım. Kızımı bırakmadım anne. Geceleri kızıma sarılıp yattım, onu benden kimse alamaz diye ağladım, sen niye beni bıraktın anne?" diye hesap soracaktı, sesi çıkmadı.

Baktı uzun süre karşısındaki yabancıya.

Annesi, "Kızım nasılsın?" diye sordu.

Kırkına merdiven dayamış Zehra, gözleri ıslak ıslak bakakaldı.

Düşündü, bütün bir ömrünü.

Boşanıp da baba evine döndüğünde kapıdan içeri alınmadığını anlatacaktı anasına daha, ağabeyinin dizlerine kapanıp da onun da yüzüne bakmadığını. En sonunda ağabeyinin onu içkici, kumarcı, esrarkeş bir adama gözü kapalı verdiğini anlatacaktı, anlatamadı.

Zorla, gidecek yeri, sığınacak kapısı olmadığından kızıyla o adamın yanına gittiğini söyleyecekti. Her gün içip kendisini nasıl dövdüğünü, sokaklara çıkıp para kazanması için nasıl da hırpaladığını hatta kapı dışarı ettiğini söyleyecekti, o kötü günlerde bile kızını hiç bırakmadığını anlatacaktı. Sustu.

O adamdan kurtulmak için kaç kez ağabeyine gittiğini, kaç kez babasına gittiğini, kaç kez amcalarına gittiğini anlatacak, hiçbirinin kapıyı bile açmadıklarını söyleyecek, ağabeyini "kurtar bizi dayı," diye dizlerine sarılan kızını bile ittiğini söyleyerek şikâyet edecekti, edemedi.

O günler düşünce aklına, bir güç geldi içine kendiliğinden.

O hayata son vermek için her şeyi yapmıştı. Çalınacak tüm kapılara varmış, hepsinden geri dönmüş, o adamın evine hapsolmuştu. Kapıların yüzüne tek tek vurulduğu günlerden birinde, hiçbir zaman sahiplenemediği, kendisinin olamadığı o adamın evinde, kiler niyetine kullanılan içi eski eşya dolu küçücük odaya girip, gözüne ilişen sinek ilacını sıkmış, kilitlediği kapının ardına tüneyip yumruklarını sıkarak beklerken kızı aklına düşmüştü. Bir hışım geri atmıştı kendini. Tek kurtuluşu olduğuna inandığı ölümü bile kızı için reddettiğini, annesi gibi olmayan bir annelik için nasıl da mücadele ettiğini şimdi olanca hıncıyla yüzüne vurmak istedi. Yine sustu. İntihar denemesine kadar annesine karşı duyduğu özlemin yerini artık öfkenin aldığını fark etti. Annesizliğin ne demek olduğunu bilmeseydi, kendini öldürebileceği gibi düşüncelere daldı. Annesizliğin ne demek olduğunu bilmeseydi, her şeyi yapabileceğini düşündü. Annesizliği hayatta başına gelenler ile mücadele gücünü elinden alan her şeyin mazereti oluverdi; kendi güçsüzlüğüne, kendi hatalarına paravan oluverdi.

O adamdan çok dayak yemiş, çok eziyet görmüştü. Çok günler kuru ekmekle hem kendinin hem de kızının karnını doyurmuştu. O gece de öyle, yokluk içinde kızını doyurmuş, odaya girip yer yatağında ona sarılıp uyumuş, sabaha karşı açılan kapının sesine uyanmıştı. Kocası, içeri girdiğinde sarhoştu hâlâ, çekyata oturup Zehra'ya bakmış, "Her şeyimi verdim Zehra," demişti, "Her şeyimi verdim, üstüne seni de..." demiş, hiçbir şey olmamış gibi yatağına gidip uyumuştu.

Zehra, sabaha kadar uykusuz beklemişti. Nasıl oluyor da hiç unutmuyordu, 23 Nisan'dı. Kızına onca yoksulluğuna rağmen pembe külotlu çorapla, tüllü bir etek almıştı. Tam da çocukken özendiği cinsten. Pazara çıkıp da bu elbiseleri bulduğunda bile anası gelmişti aklına, gözleri o anda da ıslanmış, pazarcıya bakarken bile anasının karşısına geçip de hesap sormayı hayal etmekten kendini alamamıştı. O gece, sabaha kadar kocasının olağan bir şeyden bahsedermiş gibi sakince "Her şeyimi verdim, üstüne seni de..." dediği çekyatta oturmuş, karşısında annesi varmış gibi içinden içinden kah şikâyet etmiş, kah hesap sormuş, kah hayatını anlatmış, kah ağlamış, kah gülmüştü.

Sabah olup da sokaktan geçen tek tük arabalar koşuşturmacanın başladığını haber edince, kaldırımlar üzerlerinde türlü süslü elbiseler, yüzlerinde simler ve ellerinde bayraklarla çocukları ağırlayınca Zehra da yerinden doğrulmuştu. Kızına özenle pembe külotlu çorabı, pembe tüllü elbisesini giydirip; üzerine hırkasını geçirmiş. Silinmekten yer yer kumaşı açılmış beyaz spor ayakkabılarını ayağına geçirip, evden çıkmıştı.

Yol boyu hâlâ aklından aynı düşünceler geçiyor, aynı kadınla hesaplaşıyor, aynı şeyleri anlatıp duruyordu. İlk kocasını, ikinci kocasını, amcasını, ağabeyini, babasını...

Kızını, balonlar, bayraklar ve türlü malzemeyle özenle süslenmiş, okul bahçesinin kapısına bıraktı. Eğilip, kucakladı. Bir daha ve bir daha. Bırakmak istemezcesine, hep orada kalmayı arzularcasına. Öğretmenleri buyur etse koşarak içeri girecekmişçesineydi hareketleri. Bir daha sarıldı ve ardından cıvıl cıvıl seslerin yükseldiği bahçeye koşuşunu izledi.

Aynı şeyleri düşüne düşüne apartmana geldi. Eve çıkmadan önce eskiden apartmanın kömürlük niyetine kullandığı zemin kata indi. Gözlerinin karanlığa alışmasının ardından sanki aradığı şeyi biliyormuşçasına, konu komşunun yıllar önce bırakıp da unuttuğu eşyaları karıştırmaya başladı. Az ötede, gün ışığının zorlana zorlana sızdığı küçük bir deliğin önünde parlayan balyoz değdi gözüne. Onu alıp, evinin bulunduğu üçüncü kata çıktı.

Kapıyı açtı, kendisine mezar diye seçtiği kilere baktı önce uzun süre. Ardından yatak odasına girdi. Orada, yatakta, uyuyordu kocası. Gömleği pantolonunun içinden çıkmış, yukarıya doğru sıyrılmıştı. Yüzünü duvardan yana dönmüş, dizlerini karnına çekmiş, başı ve gövdesiyle de aşağı doğru eğilmişti. Avuç içleri birbirine değecek şekilde birleştirdiği iki eli çenesinin tam altındaydı. Bu haliyle bir bebeğin anne karnında yatışını anımsatıyordu Zehra'ya.

Yatak odasından çıkıp, banyoya girdi. Abdestini aldı. Kızının odasına geçip seccadesini ve tesbihini çıkardı. Namaz kıldı. Sonra antrede bıraktığı balyozu alıp yatak odasına girdi. Kocasının duvara dönük yüzünü izledi bir süre ve balyozu indirdi.

Ardına bile bakmadan evden çıktı, merdivenleri inip dışarı çıktığında yağmur başlamıştı.

Bahar yağmuru.

Ah o insanın aklını başından alan nisan yağmuru.

Az önce okula doğru giderken sırtının üzerine binen yaşanmışlıkların onca yükü,

Kocası "Seni de sattım," deyince sabaha kadar koynunda büyüttüğü olanca kabusu. Bir anda yağmurla birlikte aktı gitti.

Ayaklarının üzerinde kilolarca ağırlık yerine yer yatağında anasının sıcağında uyuyan kız çocuğunun hafifliğini hissetti.

Yürüdü.

Yağmurun toprak ve toza değdikçe ortaya çıkardığı nemli kokuyu içine çekti.

Tazelendi.

Gökyüzünde bulutların arasına sıkışıp ara ara kendini gösteren güneşin aydınlığı yüzüne vurdu.

Huzur buldu.

Adressiz, kaygısız, sonsuz yollar boyunca içi özgürlük doldu.

Etrafına bakındı, yaprakların üzerine asılı kalan su damlacıklarını hayranlıkla izledi.

Güneşin bulutları delip de yağmuru kestiği anda ta uzaklarda beliren gökkuşağında hayatın mucizesini düşündü.

Islak saçlarından ensesine, oradan da sırtına doğru kayıp giden su içini gıcıkladı.

Ellerini iki yana açıp koşmak istedi.

Karşıdan kendisine doğru gelmekte olan anneyle kızını görünce, çekindi.

Onları görüp de kızı yüreğine düşünce, kızını nasıl da yalnız bıraktığını anlayınca, tüm mücadelesine rağmen en sonunda nefret ettiği anası gibi olduğunu fark edince, duvar kenarına tüneyip kimsesiz bir çocuk olarak ağlamaya başladı.

* * *

Annesine bakıyordu şimdi.
Elinden mazereti çalınmış bir çocuk gibiydi.
Ne kızacağı ne de kendini karşılaştıracağı vardı.
Çırılçıplaktı.
Hırçınlaştı.
Sesi ilk kez çıktı:

– Helalleşmeye geldiysen ben hakkımı helal ediyorum,
Bir daha gelme.

Kalktı.
Uzun karanlık koridorda ilerlerken, arkasında patlayan ışıklarda uzayan gölgelere baktı.
Gölgelerde annesini gördü.
İçi şimdi birkaç dakika öncesinden bile daha boştu.
Bomboştu.

2007 yılında cezaevine girdi.

Adam öldürme suçundan 19 yıl ceza aldı.

KONUŞSANA KIZIM

– Konuşsana kızım.

Hâkimin sesi Ankara Adliyesi'nin beşinci katındaki ağır ceza salonunda yankılandı. Sabahtan bu yana koridorlarda koşturmaktan bitap düşüp duruşma salonunda sırasını bekleyen avukatlar, bir kenarda sessizce dalıp gitmiş stajyer hâkimler, kelimeleri kaçırdığından dörttür reisten azar işiten zabıt katibi, kapının tokmağını sıkı sıkıya tutmuş mübaşir...

Sanık sandalyesinde oturan kadının sessizliği uzun ince pencerelerden cimrice süzülen gün ışığında uyuklayan kalabalığı bir çığlık atmış gibi irkiltti. O andan itibaren siyah elbisesiyle gizlediği küçücük bedenini süzmeye başladı meraklı gözler.

Dakikalar süren ürkütücü sessizlik mahkeme salonunu birkaç kez turlasa da kadın orada değilmişçesine suskunluğuna bürünmüştü. Delici mavi gözbebekleri acıyla harelenmiş, bedeni yıkılacak gibi dizleri burkulmuş, akıp giden gözyaşları o bedene ait değilmişçesine ne bir hıçkırık ne de bir iç çekiş olmadan ardı ardına süzülmüştü.

Salondakiler nefeslerini kesmiş, o davaya gelebilmek için hapishanedeki ranzaya çeltik atan, sandalyeye oturunca da aslında suçsuz olduklarını anlatan bir sürü sanığın yanında; ilk kez sessiz, çekingen, acı dolu bir kadını görmenin şaşkınlığıyla beklemişlerdi.

Sessizliğin bu büyüleyici merakına kapılanlar arasında onca yolu tepip Sıhhiye'ye kadar gelen komşu kadınları, mahalle esnafı ve kocasının birkaç arkadaşı bile vardı. Bir de sanık sandalyesinin hemen arkasında dizilmiş, duygularını gizlemek için gözlerini yere dikmiş çocukları. Şimdi hepsi birer yetişkin olmuş, ikisi erkek dört çocuğu.

Başını yerden kaldırmıyordu Nazenin. Ne hâkime, ne kendisini çevreleyen oğlu yaşındaki jandarma erlerine, ne mübaşire, ne zabit katibine... Onlara bakınca çocuklarına baktığından daha derin bir utanç duyacağını sanıyordu. Başını öne eğmiş, hiç yüzüne bakmadan sadece sesini düşünüyordu hâkimin.

"Bu da var mıydı?"

Salondakilerin derin merakına karşı, aklından geçen tek şey buydu Nazenin'in. Bitmez tükenmez bir isyan aslında yüreğini kemiriyor, bedenini sürekli saklama isteğiyle küçücük ellerini kazağının içine doğru çekiştiriyor, bazen lastiğini kalçasına doğru çekiyor, dizlerini birbirine sürtüyor, evinin dışında başka bir yerde sokakta, parkta, otobüs durağında olduğu gibi kaçabilecek yeri kalmadığından başını daha çok yere gömüyordu.

Mahkeme Başkanı masasının üzerinde üst üste birikmiş onlarca dosyanın ardından hayli şişmanca olan bedenini kaldırıp, burnuna kadar inmiş gözlüklerinin üzerinden kadının yüzüne bakmaya çalıştı. Bu kez sesini biraz daha yükselterek, ısrar etti:

– Konuşsana kızım!

Öyle tanıdık geliyordu ki hâkimin bu sözleri kulağına. Bazen Hayri ile evlendikleri ilk günü, bazen bambaşka, inanması güç ve acı o anıları yaşatıyordu. Geldiği yere bir an önce geri dönebileceği tesellisiyle, dudaklarının iç kısmını yiyerek, bekliyordu. O kadar kalabalıktı ki her yanı, içi dört ayı aşkındır kaldığı küçücük beyaz odaya gidebilmenin sabırsızlığıyla doluydu.

Bembeyaz odasına...

O beyazlık zaman zaman beynini bulandırsa da korunaklı bir yer gibi görünüyordu Nazenin'e. Bazen beyazlıktan, sessizlikten, yalnızlıktan deliren oda arkadaşına karşın kendisinin ne konuştuğunu ne de bir kez şikâyet ettiğini duyan olmuştu. Neredeyse tüm vaktini, yatağın kenarına oturup çocuk hallerini düşünmek, geride bıraktığı uzun hayatında güzel birkaç anı bulmakla geçiriyordu.

Mahkeme salonundan çıkıp bir an önce o çıldırtıcı beyazlığın ortasına varmak, hayallere dalmak istiyordu. Duruşma salonunun kalabalığından sıyrılmak, sanık sandalyesinde ayakta duracak gücü bulabilmek, hâkimin ısrarlı sorularına karşı gardını almak için gözlerini kapadı, köyünü düşündü. Şimdi yerinde yeller esen köy evini ve sekiz kardeşini.

Nazenin, dört erkekten sonra ardı ardına gelen dört kız çocuğunun en büyüğüydü. Annesi, ancak iki yaşına kadar yaşayabilen ilk çocuklarının adına çıkardıkları nüfus kâğıdını bir kızı daha olur diye saklamış, yıllar sonra da ona vermişti. Daha doğmadan adı, uydurma doğum tarihi hatta evleneceği adam bile belliydi. Babası, onu doğar doğmaz altı ay büyük amcaoğlu Samet'le beşik kertmesi yapmıştı.

Nazenin, diğer kız kardeşleri gibi, en çok babasını severdi. Kasabada bir fabrikada çalışan babası, ancak iki haftada bir köye gelir; Nazenin de geleceği haberini alır almaz köyün başında nöbete dururdu. Bazı karşılamalara yanına Samet'i de alıp giderdi.

Aynı yaşta olmalarına karşın Nazenin daha büyük görünürdü ondan. Halasının verdiği helvalı ekmeği Samet'in peşinden koşturan, sümüğünü silen, onu diğer çocukların hırçın şakalarından kurtaran hep kendiydi. Buna karşın Samet, Nazenin babasını köyün girişinde beklemek istediğinde, koca kadınların dedikodusunu baraka kenarından dinlemeye çalıştığında ya da köye ara sıra gelen atlıkarıncaya annesinden habersiz binmek istediğinde hiç yalnız bırakmazdı onu. Bir oyun arkadaşından öte kardeş gibi severlerdi birbirlerini. Samet kasabadaki ortaokula başladığında ikisi de 12 yaşına basmışlardı. Haftanın beş günü tıkılı kaldığı okula bir türlü alışamamıştı Samet. Ondan iple çektiği hafta sonları soluk soluğa köye geliyor, tüm vaktini de başta Nazenin, köyün diğer çocuklarıyla birlikte yorulmak bilmeden oyunlarla geçiriyordu.

Bu çocuk hallerine karşın, anne babasının gözünde bir anda büyüyüp de el kapılarına varan Samet'in beşik kertmesi ile bir an önce söz yapması gerekiyordu. Çoktan haber de gönderilmişti Nazenin'in annesine.

Nazenin babası Halil Efendi'nin üzerine, bu niyeti duyar duymaz kendiliğinden bir ağırlık, olgunluk çökmüş; o hafta sonu köydeki evine en büyük kızının mürvetini göreceği sevinciyle varmıştı. Aynı akşam da annesi, Nazenin'i bir kenara çekip, ilk kez anlatmıştı beşik kertmesi olduğunu.

Anlattığı anda da Nazenin, kendini yerden yere vurup, "istemem!" diye tutturmuştu. Ağlamalarını ve bağırmalarını oturduğu avludan duyan babası, derin bir kırgınlığa gömülmüş, köydeki saygınlığının bu çocukça inat yüzünden kaybolacağı kaygısına kapılmıştı.

Aynı saatlerde, yan evde oğlunun mürvetini görmeye hazırlanan bir baba Samet'in karşısına geçmişti. Samet, Nazenin gibi hırçın, inatçı değildi. Hiçbir şey söylemeden babasını dinlemiş, konuşma bittikten sonra evden çıkmıştı. O geceyi, çeşmenin başında daha önce bir kez de okulda denediği tütünü sara sara geçirmişti. Ertesi gün Pazar olmasına karşın, okul ceketini ve kravatını giyinmiş, evde bulduğu eski bir tabakayı cebine koyup, yaşıtı çocuklarla oynamak yerine köyün kahvesine oturmuştu. Nazenin ise güneşin tüm cilvesine rağmen, dışarıya çıkmamış, kendisini kilitlediği odada ilk defa gözyaşlarının nasıl oluyor da bedeninden ayrıymış gibi akıp gidebildiğini izlemişti.

İkisi de bir gecede büyümüşlerdi...

Nazenin'in itirazları tüm köyü sarmıştı. Kahvehanedeki kallavi duruşu, bu söylentilerle bir anda sönen Samet, ertesi gün kasabadaki okulunun yolunu tuttuğunda herkes onun bir daha köye dönmeyeceğini iyi biliyordu. Halil Efendi ise bunca yıldır birikmiş saygınlığının alaşağı edilmesini kendine yediremiyordu. O ay fabrikadan dönmedi, izleyen aylar da. Birkaç ay sonra döndüğünde, kalbi sanki makinelerin şeklini almış gibiydi. Sert, çelik ve soğuktu.

Geldiği gibi avluya çıkmış, tütünü yakıp ertesi gün Nazenin'e görücü geleceğini söylemişti karısına. Kadının itirazlarını da "İş güç sahibi, çalışan adam. Hem de Ankara'ya gidecek. Onun için daha iyi olacak," diyerek, kestirip atmıştı.

Ertesi gün Hayri geldiğinde, Nazenin'in bir kez daha itiraz edecek ne takati ne de yüzü kalmıştı. Hayri, 20 yaş büyüktü Nazenin'den. Nazenin, daha 12'sinde, memeleri çıkmamış, adet görmemiş kız çocuğuydu. İsmi gibi incecik bedeni olduğundan küçük görünmesini sağlasa da Hayri, onu gördüğünde daha çok heveslenmişti evlenmeye.

Halil Efendi, beşik kertmesinin reddedilmesinin ardından fabrikaya ilk gidişinde bir anlık sinirle kızını evlendirmek istediğini en yakın arkadaşına söylemiş, o da uzak akrabalarından Hayri'ye haber etmişti. Hayri, akrabalarının ısrarıyla Kırşehir'in yolunu tutmuş, fabrikada Halil Efendi ile tanışıp, onayını aldıktan sonra köye gelmişti.

Eve girene değin içinde bir hoşnutsuzluk, umutsuzluk vardı Hayri'nin. Ne zaman ki uzaktan Nazenin'in körpecik bedenini görmüş o vakit tüm kaygıları yerini heyecana bırakmıştı. Nazenin ise kapı aralığından uzanıp avluda oturan Hayri'yi gördüğünde endişeye kapılmıştı. Karşısında zayıflıktan omuzları göğsüne doğru çökmüş, saçları önlerinden dökülmüş, çenesinin çevresinde birikmiş sakalları hafif kırlaşmış adamı görünce ürkmüştü. O adamın yanında oturan babasına ilişmişti gözü, birden ona sarılıp köyünde kalmayı dilemek istemişti. Ama yüreğini saran suçluluk duygusu boynunu eğmiş, denilenleri yapmaya razı gelmişti.

Hayri, Nazenin'i akrabaları aracılığıyla istedi. Bürokratik bir işlem gönülsüzce yerine getiriliyor gibiydi. Hayri'nin kasabadan getirdiği ve çoktan şerbeti kutunun alt tarafını batırmış baklava el değiştirdi. Mutfakta çocuklar baklavaları birbirlerinin ellerinden kaçırırken, evin diğer odalarında çıt çıkmıyordu. Kız verilmemiş de sanki bir ölünün arkasından matem havasına bürünmüştü ev. Hayri, ertesi gün Nazenin'i çeyiziyle almak üzere evden çıktı.

Annesi tüm üzüntüsüne karşın ona güzel bir bavul hazırladı. Henüz doğmadan örmeye başladığı havlu kenarları, yastık kılıfları, masa örtülerini tek tek yerleştirdi. Nazenin, hiç tanımadığı, hiç konuşmadığı adamın kolunda yola çıkarken; Hayri, kimliğinde 8 yaş büyük görünen Nazenin'le nikahlarını Ankara'ya varır varmaz yapacağını söylese de babası çok oralı görünmedi.

Otobüse binip Ankara'nın yolunu tuttular. Koltuğuna oturunca midesi bulanmaya başlayan, ancak derdini çekingenliğinden bir türlü söyleyemeyen Nazenin için yol bitmek bilmez bir karabasana dönüştü. Ankara'ya vardıklarında, Sincan'da bir eve götürdü Hayri onu. Karşısından tren geçen, küçücük bir evdi burası. Günlerdir boş olmasına karşın içeride sanki az önce bir karton sigara içilmiş gibi kokuyordu. Hayri, Nazenin gelmeden önce ortalığı toplamaya çalışmış ancak koltuklara sinmiş kirler, havada asılı sigara dumanı, yer yer çaydanlık yanıklarıyla kahverengi yuvarlık lekelerin yer aldığı halı, kararmaya yüz tutmuş perdeler ne kadar uğraşılsa da temiz bir ev görüntüsünün oluşmasına engel olmuştu.

Hayri, bir kenara oturup tüm gün Nazenin'i izledi. Daha çocuktu Nazenin, köyde yetişse de adı gibi öyle nazlıydı ki temizlik yapmayı bile bilmiyor ama Hayri'nin evin bu halini değiştirmesini beklediğini seziyordu. Çaresiz, hiç tanımadığı evde oraya buraya bir şeyler yapıyormuşçasına koşturmaya başladı. Ancak ne annesi ne de teyzelerinin yaptığı gibi olmuyordu.

Gece çöküp, yatağa yattığında bir korku kapladı her tarafını. Hayri ise salonda rakısını içiyordu. Ağzından tüm gece iki üç cümle dökülüvermişti Hayri'nin. Artık evli olduklarını söylemiş ve yapması gerekenleri bir bir anlatmaya koyulmuş, aklına bir şey gelmeyince annesinin küçükken yaptığı ev işlerini hatırlayıp tekrar etmeye çalışmıştı. Sonra kendi işinden bahsetmişti bir süre. Nazenin, yataktayken Hayri'nin söylediklerini unutmamak için tekrar ediyordu bir bir. Bir yandan da Hayri'nin az sonra yanına geleceğinden korkuyla, çaresiz bekliyordu.

İlk defa yabancı bir yerdeydi Nazenin, yabancı bir kentte, yabancı bir evde, en kötüsü yabancı bir adamın yanındaydı. O adamın az sonra yanına yatacağı, tenine dokunacağı korkusu ürpertiyordu Nazenin'i. Bacakları titriyordu. Saatler geçti, Nazenin ağrılı yorgun ve ürkek bir uykuya daldı. Hayri, Nazenin daldıktan çok sonra yattı yatağa. Keskin rakı kokusu Nazenin'in uykusunu bölse de yorgunluğu gözlerini açmasına, uyanmasına izin vermedi. Az sonra üzerinde bir ağırlık ve olabildiğince acı hissettiğinde küçücük bedeni kendini ileriye atıverdi. Hayri, ne yapacağını şaşırıp iki katı kollarıyla Nazenin'in kollarını kenetledi. Dayanılmaz bir acı

Nazenin'in tüm bedenini inletse de sesini çıkarmaya korktu. Kısa bir süre sonra Hayri, yorgun halde yanına devrildi. Uyumadı Nazenin, gün ışıyıncaya kadar uyumadı. Köydeyken bu koca kentte nasıl tek başına kalacağını düşünür, korkardı. Ama o geceden beri tek başına kalmak istiyordu. Yeni yaşamına alışmaya çalışıyordu. Hayri, her sabah evden çıkıyor, bazı akşamları erken bazen geç geliyor her gün içiyordu. Nazenin, bazen bodrum kattaki evin penceresinden kaldırıma yansıyan gölgeleri izliyor, bazen tren sesine kulak kesiyor; ortalığı temizlemeye çalışıyor, yemek yapmayı öğreniyor diğer yandan da bedenindeki değişiklikleri yanında hiç kimse olmadan, bilgisiz, şaşkın ufacık kadın haliyle izliyordu...

14'ündeyken bedeninde, boyunun uzaması, göğüslerinin çıkması ve regl olmasından başkaca değişiklikler olmuştu. Tüm cahilliğine rağmen bir bebek beklediğini fark etmişti. İki yıllık çıldırtıcı sessizlikten kendisini bir bebeğin kurtarabileceğini hayal etmişti ne zamandır. Kız ya da erkek fark etmezdi. Ona babasına veremediği sevgiyi verecek, Samet'e olduğundan daha cömert davranacak, aşkla, sevgiyle, emekle dokunacak, konuşacaktı. Bu çıldırtıcı kalabalığın içine bir hücre gibi konmuş sessizlikte ona yoldaş olacak, kahkaha atacak, koşuşturacak; Nazenin'in çocukluğunun güzelliğini ona yeniden hissettirecekti. Dualarının kabul olacağını biliyordu Nazenin. Akşam Hayri eve geldiğinde onunla günlük işlerin dışında neredeyse ilk kez konuştu. Akşam rakı sofrasını hazırladıktan sonra başında durup, "bir bebeğim olacak," dedi.

Şimdiye kadar Hayri'yle hiçbir şey paylaşmamışlardı bu çatının altında. Neredeyse hiç konuşmazlardı. Hayri, ara sıra yapılacak işleri söylerdi. Orayı burayı temizlemesini, çamaşırlarını yıkamasını, ütü yapmasını, ayakkabılarını boyamasını, bazı akşamlar kendisini beklememesini ama ne olursa olsun her akşam yatağa şalvarla girmemesini buyruk verirdi. Nazenin, hiçbir şey söylemeden onaylardı yapılacaklar listesini ve her denileni bir görev gibi yerine getirirdi.

Hayri bir kez olsun "Nasılsın?" diye sormamış, iki yıl boyunca onu bir kez dışarı çıkarmadığı gibi bakkala gitmesine dahi izin vermemiş, Nazenin'in giyeceklerini kendi alıp getirmiş, yatağa şalvarla yattı diye bir kez de tokat atmıştı. O tokadı unutmazdı Nazenin, tokadın ardından şalvarını nasıl yırtıp da paramparça ettiğini, küçücük çocuk halinin onun sarhoş bedeni altında ezildiğini, aynı anda bir şeyler mırıldanırken "konuş", "konuş sen de", "Konuşsana kızım!" diye bağırdığını...

Hayri, bebek haberini duyunca öyle anlamsız bakmıştı yüzüne, hiçbir şey söylememişti. Nazenin, onun bu hallerine yabancı değildi ama bir türlü alışamıyordu. Abilerinden, babasından, Samet'ten çok farklıydı Hayri. Onu bir erkek gibi düşünemiyordu kafasında, kocası gibi de değildi, arkadaşı gibi de. İlk zamanlar babasının şımarıklığının cezasını çekmesi için kendisini bu adamla gönderdiğine ve kısa bir süre sonra alacağına dair yalanlar uydurmuştu kendi kendine. Yaşamını daha yaşanılır kılmak için uydurduğu onlarca hikâyeden biriydi bu. Bazen abilerinden birinin geleceğini ummuştu. Çok zaman, yapacak başka bir işi olmadığından saatlerce bakakaldığı o yarım pencereye yansıyan gölgelerden birinin Samet'e ait olduğunu düşünmüştü. Hayal bu ya, Samet onu bulmaya Ankara'ya gelmiş, ama yerin dibine gizlendiklerinden bulamamış. Nazenin'e göre kalpleri hâlâ bir olduğundan, Samet onun buralarda bir yerlerde olduğunu bilir hep aynı sokakta dolanır dururmuş.

Nazenin, bitip tükenmez hayaller kurardı evde bir başına. Aylarca bir bebek hayali kurup, köydeki hamile kadınların karınlarını tuttuğu gibi karnını tutarak iş yapmış, oturup kendisini hamile bir kadın gibi düşlemişti. Şimdi bir bebek sahibi olacağına inanamıyordu. Halil... Erkek olursa – ki erkek olacağına emindi. Halil koyacaktı adını, babasının adını. Nazenin, çocuk haliyle hamile kalınca bedenindeki tek değişikliğin karnının büyümesi olacağını sanıyordu. Oysa gözlerini açtığı her sabah bambaşka değişikliklerle tanışıyordu. Bitmek tükenmez mide bulantıları, nedensiz yorgunlukları, sürekli uykulu halleri onu korkutuyordu. Böyle zamanlarda ailesini daha çok anıyor, yanlarında olabilmeyi arzuluyor; durup dururken onların öleceği ya da çocuğunun sağlıksız olacağı gibi kaygılara kapılıp evin bir köşesinde saatlerce ağlıyordu. En çok ihtiyacı olduğu zamanlarda kimsesizdi. Yüzünü tek gördüğü kişi olan Hayri de gebe olduğundan beri eve doğru düzgün uğramamıştı.

Gebe bir kadının olduğu eve girmek istemiyordu Hayri. Bazı günler sabaha kadar dışarıda içiyor, gün ışıyana doğru eve geliyordu. Evden kendini öyle soyutlamıştı ki çoğu zaman orada bir kadının hem de gebe bir kadının yaşadığını unutup, yiyecek almayı bile boşladığı oluyordu. Nazenin, gebeliğini böyle geçirmişti. Bulgur ve tarhanayla. Kaygıların, korkuların, kabusların ortasında çocuk halinde tek başına. Bebeğinin doğacağı gün sancılanmış, korkusundan ne yapacağını bilememiş çaresizce beklemişti. Hayri sabaha karşı geldiğinde panik haliyle hastaneye koşturmuşlardı.

Nazenin, bir bebeği kucağına almaya hazır görünmüyordu ya Hayri'nin de ondan aşağı kalır yanı yoktu. Bu sorumluluk duygusu kendiliğinden evden uzaklaştırmıştı Hayri'yi. Daha bebeği doğmadan içindeki güvensiz çocuk ortaya çıkmış, onu evinden uzaklara sürüklemişti. Bebeği doğduktan sonra da değişen bir şey olmamış, Hayri karısı gebeyken meyhanelerde edindiği arkadaşlarıyla kimi zaman bir pavyonun yolunu tutmuş, kimi zaman sabahlara kadar korsan bir kahvede parasına okey, tombala oynamaya başlamıştı.

O masalardan birinde tanışmıştı Remzi ile. Neredeyse her

akşamı beraber geçiriyorlardı. İşi yoktu Remzi'nin, nasıl geçindiğini kimse bilmezdi ama şimdilerde Hayri'nin bebeğinden ve çocuk yaştaki karısından esirgediği paraları harcıyordu. Nazenin ise evde tek başına büyütüyordu Halil'i. Kutlamaya gelen konu komşunun getirdiği bir iki zıbını, bir de onların çocuklarına küçük gelen elbiseleri vardı Halil'in.

Doğduğundan beri bir kez olsun bebeğinin yüzüne bakmayan Hayri ise pavyon masalarından evinin yolunu zor buluyor, bazen bir iki saat uykuyla üzerini bile değiştirmeden fabrikanın yolunu tutuyordu. Rakı ve tütün kokusu kendisiyle birlikte fabrikanın girişini sarıyor, kimi zaman fabrikaya geldiğinde henüz ayılmamış oluyordu. Şimdiye kadar hiç kavga etmemişti ama yorgunluk ve alkol onu daha asabi hale getirmiş, birkaç kez nasıl olduğunu anlamadan ustabaşına diklenmiş bu olaydan sonra da ambalaj bölümüne gönderilmişti. Çocukla beraber hayattaki bağları iyice kopan Hayri, o gün sadece iki saat uykuyla gitmişti fabrikaya. Banktan geçen ambalajları, iki pres arasına koyup sıkıştırıyordu. Hem sarhoşluk, hem asabiyet hem de acemilikle Hayri'nin kolları olması gerekenden az daha kaydı ileri, pres, ambalajı değil iki elinin parmaklarını sıkıştırdı.

Bir çığlık, acı ve elleri.

Rakıyı tuttuğu elleri, Nazenin'in saçlarını tuttuğu elleri, okey taşlarını saydığı elleri; küçükken çelik çomak oynadığı elleri, ilkokulda kalem tutan elleri, ilk gençliğinde bir kızın ellerini çekingence tutan elleri, annesini saran elleri, babasının dayaklarından bedenini koruyan elleri. Şimdi iki pres arasındaydı. Sağ elinin iki parmağı, sol elinin üç parmağını yitirmişti.

Uzun zamandır Hayri'nin gidişatından memnun olmayan fabrika için bu iş kazası da beklenmedik iyi bir haber oldu. Hekimin tuttuğu iş göremez raporu ile bir hafta içinde malulen emekliye ayırdılar Hayri'yi. Genç yaşında parmaksız ve işsiz kalan Hayri, uzun süre çıkamadı evinden. Ne Nazenin'e dokundu ne de Halil'e.

Hep öyle bir kenarda oturuyor, sakat da olsa elleriyle kavradığı rakısını sabahtan akşama kadar içiyordu. Sarhoşken kuvvetini yerinde bulursa sağı solu kırıp döküyor, olmadı Nazenin'den çıkarıyordu hıncını. Dayak atmaktan neredeyse zevk alıyordu Hayri, şiddetine ve olanca bağırışına karşın Nazenin'in sessiz duruşu örselenen güvenini yavaş yavaş kazanmasına neden oluyordu. Böyle böyle kendini toparladı bir süre. Sonra yeniden kahvehanenin yolunu tuttu, Remzi'yi buldu.

Dayak atmak, basit bir okey oyununda kazanmak iyi hissettiriyordu Hayri'ye kendini. Ama tüm bunları yapmak için içmeye ihtiyaç duyuyordu. İçki içmediği tek bir saat kendini babasının kolları arasında çırpınan küçücük bir çocuk gibi hissediyordu. Üstelik artık o bedenini koruyacak elleri de yoktu...

Olanlara rağmen Halil'in varlığı güç katmıştı Nazenin'e. Hiçbir şey bebeğine bakmak kadar keyif vermiyordu. Her şeyi kendi kendine öğrendi, bir bebeği emzirmeyi, uyutmayı, giydirmeyi, yıkamayı. 14 yaşında bir kız çocuğu gibi değildi artık, uykusuzluğuna, yorgunluğuna ve bu olağanüstü değişikliklere hemen uyum sağlamıştı. Halil'in ikinci yaşına kadar zamanını hayaller kurup, umutlar büyüterek geçirmişti.

Halil'in hiç kutlanmamış, hatırlara dahi gelmemiş ikinci yaş gününün akşamında, çocuk annesinin 16'lık genç kızlığına adım attığı o günlerde, Hayri yanında Remzi ile gelmişti eve. Sabahın üçüydü eve girdiklerinde, Nazenin Halil'e sarılmış derin bir uykuya dalmıştı. Bebeği doğduğundan beri karısına bir an olsun dokunmamış olan Hayri, odaya girip dürtüklemişti Nazenin'i:

– Kalk da sofra hazırla.

Nazenin, salona girdiğinde Remzi'yi gördü. 50'lerinde, saçları hafifçe uzamış, bıyıklı, kirli sakallı bir adamdı. Kısa boyuna rağmen şişmanca bir gövdesi vardı. Nazenin'i görünce sallanıp durduğu yerde bir anda durakaldı. Hayri'nin böylesine güzel ve genç bir karısı olduğunu düşünmemişti. Aklında uzun zamandır onu görmek vardı. Hayri, yıllarca karısından söz edip durmuş, bir kez olsun iyi anmamış hep dert yanmıştı. Karısına iki yıldır elini süremediğini, onu bir kadın gibi göremediğini, hiç konuşmadığını anlatıp durmuştu. Remzi o yakınmalar sürerken kafasına koymuştu Nazenin'i görmeyi. Hayri'nin konuşmaları ona basit bir yakınma gibi değil cesaretsiz bir adres gösterme gibi gelmişti. Hayri'ye o gün kumar oynarken borç vermiş, pavyon hesabını da ödedikten sonra "Haydi evde devam edelim," demişti. Hayri çok şaşırmış, bu jestler karşısında arkadaşını reddedemediğinden daha önce kimseyi getirmediği evine alıp getirmişti.

Nazenin, mutfaktan bir şeyler hazırlayıp, masaya koydu. Ardından bardakları doldurmak için rakıya uzandı. Remzi'nin eli sertçe bileğinden kavradı. Göz göze geldiklerinde gülümsedi Remzi,

– Bacım, Hayri'yle biz kardeş sayılırız. Bir şeyler söyledi. Sen hiç konuşmuyor muşsun öyle mi?

Nazenin, Hayri'ye baktı korkuyla. Bir yardım bekledi. Kocasını hep böyle acizkâr görmeye alışkındı ama şimdi durum farklıydı. Bir başka adam, kocasının namusuna, şerefine böyle saldırabilir miydi?

Hayri, gebeliğinden bu yana sadece karısına değil hiçbir kadına el sürmemişti. İşten atılması, parmaklarını kaybetmesi zaten olmayan güvenini olduğu gibi zedelemişti. Hiçbir kadın onu heyecanlandırmıyordu. Yalnızca iki elini değil bu güvensiz halleri ve ürkekliği yüzünden diğer organlarını da yitirmişti sanki. O gün Remzi, karısının kolunu tuttuğunda ses çıkaramayışının nedeni de buydu. Ya Remzi'den korkuyordu ya da bu eksik haliyle onunla baş edemeyeceğinden. Dahası tek arkadaşı olan Remzi'nin kendisini bırakmasından korkuyordu.

Remzi, Nazenin'i kendine doğru çekti. Yüzüstü yere yatırıp, üzerine abandı. Bir yandan da eteğini sıyırıyordu. Nazenin, ne kadar dirense de başarılı olamadı, yaptığı her harekete karşı üstün olan Remzi, saçlarından kavrayıp yüzünü beton zemine doğru çarpıyordu. Dudakları patlamış, kanlar çenesinden aşağı doğru akmaya başlamıştı. Nazenin, kanı görüp de bayılmamak için başını dik tutmaya çalışıyor ama kokusuna dayanamıyordu. O sırada Hayri ile göz göze geldiler. Hayri, ayağa kalkmış, meraklı gözlerle onları izliyordu. Gözlerinde Nazenin'in çözemediği bir heyecan vardı. Remzi ise bağırıyordu:

– Konuşsana be kızım

Konuşsana kızım...
Hayri'den gözlerini alamayan Nazenin, nefret doluydu. Paramparça olmuş ağzıyla artık direnmeye takati kalmamıştı. Remzi, sonunda saçlarından tutup yüzünü yüzüne doğru çevirdi ve tükürdü. Ardından hiçbir şey olmamış gibi rakı masasına oturdu.

– Hayri bir rakı koy.

Ardından, yerde perişan halde duran Nazenin'e bakıp, bağırdı:

– Kaltak!

Toparlanıp odaya kaçtı Nazenin. Kapının arkasına küçük komodini ve sandalye ile yığınak yapıp, Halil'i kucağına aldı. Bebeğine sarılıp, sabah olmasını bekledi. Saatlerce titreyerek, dualar etti. Kulağı hep salondaydı, muhabbetlerinin bitip sızmalarını bekledi uzunca bir süre ardından da uyanıp evden çıkmalarını.

Şok haliyle Halil'i öyle sarmalamıştı ki saatlerdir kolları aynı sertlikle duruyor, kilitlenmiş vücudunda tek bir uzvunu oynatamıyordu. Gittiklerinden emin olduktan çok sonra zorlukla ayağa kalkabildi. Aynaya bakmadan yüzünü sildi. Çenesi acıyordu, dudakları, her yanı. Halil, küçücük bedeniyle ardı sıra bakıyordu. Öyle saf, öyle güzel, öyle çaresiz, öyle sahipsiz duruyordu ki, Nazenin'in bir an önce kendisini toparlamaktan başka bir yolu yoktu.

Günlerce gelmedi Hayri eve. Yiyecek ekmekleri bile olmasa Nazenin için daha iyiydi böylesi. Mutfak tezgâhının altında filizlenmeye başlamış patatesleri haşlıyor, bulguru suda kaynatıyor hem kendisinin hem Halil'in karnını doyurmaya çalışıyordu. Birinci haftanın sonunda, yine bir gece yarısı Hayri bu kez yanında Remzi ve arkadaşlarıyla kapıya geldiğinde Nazenin nasıl bir hayatın kendilerini beklediğini tasavvur dahi edemiyordu. Bebeğinin ardına sığınsa da dinletemedi, kendi kurdukları sofraya Nazenin'i de oturtup, zorla bir şeyler içirdiler. Nazenin, yarı açık gözleri ile en son Remzi'nin göğüslerini açıp yanındakine fotoğrafını çektirdiğini gördü. Bu kez tecavüz yoktu. Hatırlamadığı bir zaman diliminde, yarı uykulu yarı sarhoş odasına gitmesine izin verdiler. Yine Halil'e sarılan Nazenin, bu kez kapının ardına sığınak yapmaya gerek görmedi. Kaderini çekmeye razı gelmek içinden gelmiyordu ama ne yapsa da bir çıkış yolu bulamıyordu.

Ertesi günler Hayri bir arkadaşını getiriyordu mutlaka belirsiz vakitlerde. Tüm varlığını okey masalarında kaybetmişti. Nazenin'e evden çıkarken "arkadaşım gelecek," demiş, kapıyı da üzerine kilitlemişti. Ne kaçacağı ne de saklanabileceği bir yer vardı. Yatak odasına girdiğinde, kırmızı, siyah, pembe, mor dantelli gecelikler gördü. Bir gözü yerde her şeyden habersiz oynayıp duran Halil'e takıldı. Çok geçmeden kapı açıldı. Hayri Nazenin'in giyinip giyinmediğini kontrol etmek için önden girdi, eski elbiselerini üzerinde görünce sinirle dişlerini sıkıp "Giyin!" dedi. Ardından bir adam girdi yatak odasına...

Bir hafta sonra bu kez başka bir adam gelmişti ama sabaha karşı. Nazenin, uykusundayken odasına girmişti. Nazenin'in gözü Halil'deydi. Yattığı yerde dönüp durmayı seven Halil, yerdeki minderlerin üzerinde sessiz bir uykuya dalmıştı.

* * *

Bebek haliyle bu zulme tanık olan Halil, şimdi duruşma salonunda annesine bakmıyordu. Sanık sandalyesinin arkasındaki sırada, kardeşlerinin en sağında oturmuş, annesi kapıdan içeri girerken karışık duygular içinde yere diktiği gözlerini bir an olsun ayırmamıştı.

Her zamanki gibi suskun, durgun, sanki her şeyi biliyormuş gibi duruyordu orada. Hep böyle bir hali vardı. Evde öyle garip bakardı ki annesinin yüzüne, Nazenin her şeyin farkında olduğunu düşünüp mutfaktaki işlerini uzattıkça uzatır, onunla yüz yüze gelmeye dayanamazdı.

Büyüdükçe annesinin neden hiç dışarı çıkmadığını düşünüp, durmuştu. Diğer tüm arkadaşlarını anneleri okula getirir, çarşıya çıkarır, alışveriş yaparken; kendi annesi evden dışarı adım atmazdı. Annesinin, babasıyla bir kez olsun konuştuğunu duymamış; gözlerinin güzelliği dillere destan Nazenin'i hep mutfakta yerde ya da odada yatağın kenarında sessizce ağlarken bulmuştu.

Yıllar geçtikçe sıra dışı bir şeyler olduğunu anlamaya başlamış ama kendi hayatına devam edebilmek için eline bir maske almayı yeğlemişti. Polis olmaya pek hevesliydi. Kendisine itiraf edemiyordu ama böyle bir hayalin peşinde koşabilmek ancak o gerçekleri yok saymaktan geçiyordu. Gözünü kulağını kapayıp, o evde canla başla çalışıp başkomiser olmayı başaran Halil, şimdi mahkeme salonunda bir türlü net olarak bilemediği o yaşanmışlıkların ne olduğunu öğrenmek için hem sabırsızlanıyor hem de sessizliğinin sürmesini istiyordu.

* * *

Halil'in yerdeki o hali Nazenin'in aklından çıkmaz olmuştu. Hayri'ye yalvarıp yakarmış sonunda da "komşular anlarsa n'aparız, linç ediverirler seni, kovarlar bir daha bu mahalleye de sığamazsın," diye gözünü korkutmuştu. Gözü korkan Hayri, bir daha eve kimseyi getirmemişti. Bu yüzden de kısa süre sonra Nazenin'i dışarı çıkarmaya başlamıştı.

Nazenin'e kısa etekler giydiriyor sonra bir pardösü ile üstünü kapatıyor, başını bağlıyor ve evlerinden oldukça uzak yerlere götürüyordu. İlk kez dışarı çıktığında Nazenin, saat sabahın altısıydı. Hayri henüz eve gelmiş ve telaşla Nazenin'in hazırlanmasını istemişti. Nazenin, Halil'i yatağından kaldırmamış ve gelene kadar uyanmaması için dua etmişti. Önce trene ardından bir taksiye binip Seğmenler Parkı'na gitmişlerdi. Hava çok soğuktu, rüzgarda dans eden incecik kar taneleri parkın çimlerine seriliyordu. Nazenin'in çorapsız ayaklarında bir topuklu ayakkabı, içinde etek, üzerinde ince bir pardösü soğuktan dişleri birbirine değiyordu. İlk kez gördüğü Çankaya onu korkuttuğu kadar, nasıl bir yere gittiğinin endişesi yiyip bitiriyordu.

Az ileride bir araba farlarını yakana kadar Hayri, etrafına baktı durdu. Nazenin'i arabaya bir hanımefendi gibi buyur etti. Nazenin, arka koltuğa nasıl oturduğunu, o şişmanca adamın bedeninin nasıl üzerine abandığını hiç unutmadı. Adamın ağzından çıkan rakı ve sarımsak kokusu kadının üzerindeki ucuz parfüm ve ter kokusuyla karıştı. Nazenin, başını adamdan yana kurtarıp sağına çevirdiğinde Hayri ile göz göze geldi. Hayri'nin tırnaklarını pencerenin lastiklerine geçirip, heyecanla kendisini izlediğini gördü.

Parkta, arabada, başkalarının evinde. Sincan'dan çok uzak ama başkentin göbeğinde bir yerlerde, sabaha karşı, gece yarısı, bazen de gündüzleri... Nazenin, kocasının peşinde onun giydirdiği elbiselerle, örttüğü pardösülerle, sürdüğü rujlarla; onun ayarladığı adamlarla, onun aldığı paraya bedenini araba koltuklarına, park kenarlarına, sahipsiz evlere yatırdı...

Aylarca sürdü bu zulüm. Bir gece Hayri, odasına girip Nazenin'in derin bir uykuya dalmış bedenine uzandı, omuzundan dürtüp uyandırmak istedi. Nazenin onun bileğinden kavradı ve yalvaran gözlerle baktı:

– Gebeyim.

Nazenin, adeti geciktiğinden beri anlamıştı gebe olduğunu ama bir türlü inanmak istemiyordu. Aradan iki ay geçmiş, adet olmamıştı, emindi gebeliğinden. Ama Hayri oralı olmadı. Gebeliğine rağmen götürdü yine bilinmez adreslere.

Nazenin, Hayri'ye gebeyim derken aklından geçen tek şey çocuğunun kimden olduğunu bilmediğiydi. Hayri de bebeğin kendisinden olmadığını biliyordu, yıllar olmuştu Nazenin'e el sürmediği...

Nazenin, gebe gebe çıktığı yollardan koşup evine varır varmaz, Halil'i kucaklayıp, trene bindi. Hayri'ye haber vermeden otogarın yolunu tuttu, Kırşehir'e bir bilet alıp, otobüse bindi. Annesinin, babasının yanına gidecekti. Ne zamandır düşünüyordu bunu. Hamile olduğundan şüphelendiğinden beri düşünüyordu. Eğer kesin hamileyse Hayri'ye durmasını söyleyecek kabul etmezse de annesinin yanına gidecekti. Otobüste oturmuş beklerken, tüm çocukluğu an an gözünün önünden geçti yine Nazenin'in. İçini hoş duygular kapladı. Samet, annesi, kardeşleri, çayırlar, ellerinde çomakla kovaladıkları köpekler, geceleri uydurulan hikâyeler. Şimdi tüm bunlardan öyle uzaktaydı ki...

Gerçekten yaşanmış olup olmadıkları dahi kafasını kurcalıyordu. Nihayet eve vardığında, annesi ona özlemle sarıldı. Ona ve torununa, türlü yemekler sundu. Babasının eve gelmesine daha vardı. Nazenin, dert yanmaya başladı ama lafa nereden başlayacağını bilemiyordu. En sonunda "Anne Hayri beni çok dövüyor," dedi. Annesi duymazdan geldi. Nazenin tekrarladı, hem elmacık kemiğinin üzerindeki kızarıklığı gösterdi, ardından bacaklarındaki morlukları... O morlukları Hayri yapmamıştı ama Nazenin kendisine ne kadar acındırsa o zaman bu eve kabul edilebileceğini düşünüyordu. Annesi bacaklarına dahi bakmadan, geçiştiriverdi kızının yakarışlarını:

– Olur kızım, ben de çok dayak yedim zamanında.

Nazenin, başına gelenleri öyle anlatmak istiyordu ki dilinin ucuna kadar gelip, geri saklanıveriyordu sözcükler... Sonunda babasını beklemeye karar verdi. Babası daha Nazenin bir şey demeden olanları anlamıştı:

– Gelinlikle çıkan, kefenle girer.

diye kestirip atmıştı.

Gelinlikle çıkmak nasip olmamıştı Nazenin'e ama kefenle dönme fikri belli ki o saatte yerleşmişti kafasına...

Halil'le bir süre oynadılar. Ertesi gün babası "Bekler kocan, git artık" diye, otobüse bindirdi onu. Hayri, akşam eve geldiklerinde onları görünce önce ses etmedi, bir iki kadeh içtikten sonra dövmeye başladı Nazenin'i...

Özlem doğduğunda, Hayri yüzüne bile bakmadı. Başkasının çocuğu olduğundan gayri, hastaneye dahi götürmedi Nazenin'i. Bir ebe bulup, evde doğurdu Nazenin. Özlem, iri yemyeşil gözleriyle biraz ona benziyordu. Ama kalan yarısını hangi parçayla tamamlayacağını bilmiyordu. Kime benzediğini, kime benzeyeceğini...

Lohusalığı bitmeden Hayri yine götürmeye başladı onu. Eski küçük Şahin marka bir araba almıştı Hayri. Arabaya bindirdi Nazenin'i. Gece oldukça geç bir saatti. Sözleştikleri gibi Gölbaşında buluştular. Nazenin, diğer arabaya bindiğinde, arabada 3 kişinin olduğunu fark etti. Geriye doğru kaçamadan bileğini kavrayan eller, onu arabanın içine itti. Nazenin ve 3 kişi.. Nazenin'e karşı... Biri saçını tutup diplerinden çekiyor, beriki bacaklarını geriyor, beriki ağzını kapamak isterken büsbütün nefessiz bırakıyordu. Nazenin, koşulsuz teslim olduğunda, kaç dakika böyle geçti bilmiyordu. Hayri ise tıkıldığı delikte kalakalmış, adamların kendisini öldürmemeleri için dua ediyordu. Nazenin'i arabadan dışarı atıp, Hayri'yi dövdükten sonra cebindeki tüm parayı alıp uzaklaştılar. Hayri aslında üç kişi olacaklarını biliyordu, ama bu kadar saldırgan olabileceklerini kestirememişti.

Ağrılı yaralı iki beden olarak Sincan'ın yolunu tuttuklarında, Nazenin bedeninden ayrı hareket eden gözyaşlarına bakıyordu. Acı acı bileklerini tutuyor, bayılmamak için başını camdan sarkıtıp burnundan akan kanın rüzgarda uçuşmasını bekliyordu.

Eve geldikten sonra Halil ve Özlem'in uyuduklarını kontrol edip yüzünü yıkadı.

Ertesi gün mutfakta, patatesi soyarken bileklerinden avuç içine dek süzülen mavi ince çizgilere kaygı gözleri. Patates oyar gibi elindeki bıçakla o mavi çizgileri oymaya başladı... Dökülen kan, Nazenin'i aynı anda bayılttı. Mutfaktan gelen sese koşan bebelerin çığlıkları apartman boşluğuna karıştı. Komşularının yardımıyla hastaneye götürülen Nazenin, ölümden döndü.

Nazenin eve dönüp Halil'le Özlem'in çaresizliğini ve güçsüzlüğünü görünce yaptığından pişman oldu. İlk kez kendisi olmazsa Hayri'nin Özlem'e tüm bunları zorla yaptıracağını düşündü. Hayri onu hastaneden çıkarırken, üstü kapalı tehdit ettiğinde aklına gelen tek şey Özlem'di. Eve gittiğinde onu yerde Halil'le oynarken gördüğünde dünyada bu kadar kötülük olabileceğini yeni yeni aklına getirebiliyordu. Özlem'in biraz büyüyüp genç kızlığa adım atar atmaz kendisiyle aynı kaderi paylaşacağı düşüncesi Nazenin'in boynunu eğdirdi. Artık ne kaçmak, ne de ölmek istiyordu. Artık Samet gelse bile gidemeyecek kadar kendisini o hayata bağlı hissediyordu.

* * *

Duruşma salonunda, Halil'in yanında oturuyordu Özlem. Evliydi, iki kızı vardı. Kocasının ve ailesinin her şeyin anlık bir öfkeden ibaret olduğunu söyleyip kendisini teselli etmesi ona güç vermişti. Oysa kötü bir tepki vereceklerinden korkmuş, ne yapacağını şaşırmıştı. Onların evinde oturuyor, onların eline bakıyordu. Çok rahat olmasa da şükrediyordu. Buraya kadar annesinin yüzündeki zaman zaman da bacaklarındaki morlukları görerek gelmişti. Evlerinde hiç ses çıkmazdı. Çocukken babası evdeyken konuşmaya korkardı. Babası onu hiç kucağına almamıştı, hiç sevmemişti. Ama Halil'in farklı olduğunu düşünürdü. Belki onu da hiç kucağına almamıştı, ama yaptıklarını tepki vermeden geçiştirmesi bile aralarındaki farkı hissetmek için yeterliydi. Özlem'e karşı öyle acımasızdı ki. Elinden gelse babasının fırsat bulduğu anda kendisini kapının önüne koyacağını sanırdı. Babası eve geldi mi sessizliğe bürünür, parmak uçlarına basıp bir odaya kilitlenir, sesini çıkarmazdı.

Büyüyünce de bakışları hep ona iğneli gelmişti. O evde olmayı hiç istemiyordu. Belki de bu yüzden daha lisedeyken, staj yaptığı muhasebe bürosunda tanıştığı kendisinden 17 yaş büyük olan kocasına kaçtı. O adamı neredeyse hiç tanımadan evlendi. Zaten tanışlığın da hiç önemi yoktu. Bilinmez bir hayatta görünmez bir nesne olarak yaşamaktansa kendi hatalarını yapmaya hazırdı.

Felaket haberi aldığında da şaşırmamıştı. Böyle bir sonun kendilerini beklediğini hissediyordu. Tek isteği o sona yaklaşıldığında ailesini bundan uzak tutabilmekti. Sonun ortaya çıkaracağı o sırları kimse bilmemeliydi. Şimdi her zamankinden daha çok bu yuvaya ihtiyacı olduğunu düşünüyordu. O evde gizli kalan bilinmezlik umurunda değildi, hiçbir şeyi merak etmiyordu. Şimdi sadece annesinin konuşmaması için dua ediyordu.

* * *

Nazenin'in hayatı çocuklarına yönelik tehditlerin kuşattığı bir karanlıkta geçmişti. On yılı parklarda, arabalarda, kimsesiz evlerde, barakalarda, hiç tanımadığı adamların koynunda geçti. Hepsi aynı ekşi, alkol, ter ve ağır parfüm kokusuna bezenmişlerdi. Kokuları aynıydı, bedenleri aynı, yüzlerine ise hiç bakmamıştı.

Sokak onun için korku tünelinden farksızdı. Geçen yıllarda, yanında Hayri olmadan evinden hiç çıkmadı. Ne diğer anneler gibi çocuklarını okula götürdü, ne okuldan aldı, ne çarşıya gitti... Sokağa çıkıp da biriyle göz göze geldiğinde aklına "Bu da var mıydı?" diye korkunç bir soru gelir, adamın ardından geleceği korkusuyla, soluksuz eve doğru koşardı.

Her şeyin başlangıcı olmasına karşın evinde güvenli hissediyordu Nazenin. Havasız, penceresiz, dumanlı o küçücük evde, çocuklarıyla oyunlar oynamak, onları izlemek, bazen de hayaller kurmak...

"Hayri olmadıkça yine de güzeldi hayat."

İpek'i doğurduğu gün, böyle demişti Nazenin. Teni pespembe, küçücük narin kızını kucağına aldığı ilk gün yumuşaklığına ve teninin rengine hayran olup ona bu ismi koymuştu: İpek.

İpek'in doğduğu ilk gün aklına geldiğinde, kendiliğinden bir gülümseme kondu yüzüne. Ardından duruşma salonundaki ekşi koku ilişti burnuna. Salonun havası küçük pencerelerdeki gün ışığının yavaş yavaş çekilmesiyle daha da ağırlaşmıştı. Sadece dakikalar süren o sessizlik, Halil ile Özlem'e yıllar gibi gelmişti. İkisinin de birbirine bakacak yüzü yoktu. Bir an önce buradan çıkıp kendi hayatlarına dönmek istiyorlardı.

Hâkim aynı şekilde dosyaların üzerinden uzanıp, Nazenin'e seslendi. Artık karar vereceğinden, aklındaki tüm soruları sormuş olma niyetindeydi:

– Yılmaz Efendioğulları diye birini tanıyor musun, kızım?

Yılmaz Efendi'nin ismini duyan Nazenin, o an gözyaşlarına hâkim olamadı. Sulanmış gözlerinin önünde, onu gördüğü ilk hali canlandı.

Daha 27'sindeydi Nazenin onunla tanıştığında. Ama yaşadığı yıllar onu yaşlı, bedeni ağrılı bir kadına dönüştürmüştü. O gün, sabaha karşı eve gelen Hayri, yatağından kaldırıp "arkadaşım geldi," demişti. Kaç yıldır eve kimsenin gelmemesine şaşıran Nazenin, salona girdiğinde görmüştü Yılmaz Efendi'yi.

Birkaç kez daha gelmişti yaşlı adam. Sonra geliş gidişleri artmış, dördüncü gelişinde Nazenin'le ilk kez konuşmuştu:

– Sana bunu zorla yaptırıyor değil mi?

İlk kez biri konuşmuştu kendisiyle. Yataktaki adam, o abuk sabuk iğrenç kelimelerin dışında ona ilk kez bir cümle kurmuştu. Gerçekten merak ediyordu, samimiydi, ona dokunmuyordu. Nazenin'in nasıl bir batağa düştüğünü merak ediyordu. Nazenin, yanıt veremeden ağlamaya başladı.

Sonraki günler Hayri bir daha Nazenin'i hiçbir yere götürmedi. Nazenin'e kıyamet öncesi sessizliği gibi geliyordu Hayri'nin yaptıkları. Bazen eve geliyor, sıklıkla gelmiyor, ama Nazenin'e hiç karışmıyordu. Nazenin, hayalet misali bir anda evlerine gelip sonra ortadan yok olan o adamı düşünmeden edemiyordu. İçeri girdiğinde "Benim adım Yılmaz," demişti. Hakkında bildiği tek şey buydu. İlk defa yüzüne bakmıştı o adamın. Ama şimdi onu düşünürken, yüzünü tam hayal edemiyordu. Dudaklarını, gözlerini tam seçemiyordu. İnce miydi dudakları, kalın mıydı? Gözleri ne renkti? Hiçbir ayrıntı kafasında yerleşmiyordu, ama varlığını hatırlaması hoş bir gülümseme bırakıyordu yüzünde. 27'sinde yaşlanmış bir kadın gibi hissetse de kendini, yüreği 27'sinde genç bir kadın gibi atıyordu.

Hayri, bir gün eve geldiğinde Nazenin'i kolundan tutup arabaya bindirdi. Hissettiği duygular öyle çevrelemişti ki Nazenin'in yüreğini, ilk kez o arabaya binmek bu kadar ıstırap vermişti. Hayri'nin onu Yılmaz Efendi'nin yanına götürdüğünden haberi yoktu.

Orta sınıf bir otele götürüp, oda numarasını söylemişti Hayri. Nazenin lobiye girer girmez önce kaçmayı düşünmüştü. Ama içinden bir ses ona yine de odaya gitmesini söylüyordu. Odanın kapısında Yılmaz Efendi'yi gördüğünde, yüreğinin deli gibi atışına engel olamadı.

Yılmaz Efendi, ondan hayli yaşlıydı. Üstelik 50'yi geçmiş yaşı, şişmanca bedeni, dökülmüş saçları, ağarmış sakalı, ağır paşa yüzüğü, heybetli takım elbisesi ile hiç de çekici bir adam değildi. Buna karşın gözlerinde derin bir samimiyet, şefkat, sevecenlik vardı. Nazenin, şimdi her şeyden daha çok o şefkate sığınmak istiyor, adamın gözlerine bakmaya, ellerini tutmaya doyamıyordu.

Şimdiye kadar çok sayıda kadınla gönülsüzce beraber olan ve parasıyla beraber olduğu kadınlara zerre kadar değer vermeyen Yılmaz Efendi, Nazenin'e karşı karışık duygularla yaklaşıyordu. Onun küçücük bedeni, iri yemyeşil gözleri, yüzünün acı yüklü çizgileri Yılmaz Efendi'nin yüreğinde pas tutmuş, küflenmiş nice duyguyu ayağa kaldırıyordu. Atan pas ve küfün tadı Yılmaz Efendi'ye acı verse de yüreğindeki hareketlilik hoşuna gidiyordu. O tadın bir temizlik yorgunluğu olduğunu düşünüyor, bu kadının yanında uzun zamandır kendisini terk ettiğine inandığı vicdanıyla buluşuyor, hesapsızca bir sevgi duyuyordu. Kadını ilk gördüğü günkü çaresizliği, korkaklığı, suskunluğu ve acısı onda farklı duyguları harekete geçirmişti. Nazenin bugün yine beklediği gibiydi, çaresiz, korkak ve suskun. Ama gözleri, tutunmak ister gibi, gülmek ister gibi, sarılmak ister gibi bakıyordu. O bakışlara sarılmaması, yanıt vermemesi imkânsızdı.

Odanın sinir bozucu rutubet kokusu, güneşsiz küçücük pencereleri, kararmış yatak başlığı Yılmaz Efendi'ye çok geride bıraktığı, ancak bir türlü kafasından atamadığı sefil çaresiz gençliğini hatırlatmış, sinirleri bozulmuş, neredeyse ağlamaya başlayacak küçük bir çocuğa dönüştürmüştü. Nazenin odaya kendine has hoş kokusunu doldurduğunda, her şeyi geride kaldı Yılmaz Efendi için. O çaresiz çocuk gitmiş, bu kez de yerine yeni yetme genç bir genç gelivermişti. Çabuk olgunlaşmanın bedelini ödemişti Yılmaz Efendi, şimdi ucuz bir otel odasında 15 dakikalığına da olsa bıyıkları yeni terlemiş bir genci oynamak onu heyecanlandırmıştı.

Heyecanına yenik düşmeden, ağır ağır Nazenin'e doğru yürüdü ve sordu:

– Kocan seni bir daha bir yere götürdü mü?

Nazenin, olan biteni anlamamıştı. Yılmaz Efendi son görüşmelerinin ardından Hayri'nin oldukça rahatsız olduğunu anlamıştı. Ona yüklüce bir para vermişti. Günler sonra arayıp, Hayri'yi ofisine çağırmış ve bir anlaşma yapmak istediğini söylemişti. Hayri'ye aylık verecekti. Ne kadar olursa olsun. Karşılığında Hayri, Nazenin'i sadece kendisiyle görüştürecekti. Gölbaşı'ndaki son olaydan ve çoğu zaman parasını alamamaktan şikâyetçi olan Hayri, Nazenin'in artık yaşlandığını gördüğünden ve sık sık doğurmasından sıkıldığından kabul etti bu teklifi.

Yılmaz Efendi, çok geçmeden bir daire tuttu. Küçük birkaç eşya aldı. İlk zamanlar kaçamak buluşmaların yapıldığı bu ev, kısa süre sonra Nazenin'in tüm hayatı olacaktı. Kireç boyalıydı, hâlâ çimento kokan yeni bir apartmandaydı. Komşularının birçoğu daha taşınmamıştı, genelde soğuk oluyordu. Nazenin'e ara sıra harçlık veriyordu Yılmaz Efendi. İlk kez Nazenin, kendisini bir yere ait hissediyordu.

Nazenin, Hayri daha uyanmadan sabahın 10'unda bu eve geliyor, mesaili çalışan bir kadın gibi akşam üstü kendi evinin yolunu tutuyordu. Kendi evlerini de değiştirmişlerdi. Şimdi Yenimahalle'de yine bodrum katında bir evde oturuyorlardı. Nazenin, komşularına bir ailenin çocuklarına baktığını söylemişti. Her sabah Yılmaz Efendi'nin ona tuttuğu daireye geliyor, geniş yatağa uzanıyordu. Keşke diyordu, Halil, Özlem ve İpek'in de böyle rahat bir yatakları olabilseydi. Halil ve Özlem için bir şeyleri düzeltebilmenin imkânı yoktu ama İpek, zeki bir kızdı, oldukça da hassastı. Halil ve Özlem doğduklarında Nazenin hem çocuk, hem isyankar hem de acı içindeydi. Ama İpek doğduğunda biraz daha olgundu. Sabırla, aşkla bakmıştı İpek'e.

İpek'in güzelliğinden öyle sakınmıştı ki en çok da Hayri'den sakınmış, onu yatılı bir okula kaydettirmesi için Yılmaz Efendi'ye yalvarmıştı.

Yılmaz Efendi için de yeni evi ikinci hayatı gibi olmuştu. Nazenin'e karısı gibi bakıyor, evini kendi evi gibi benimsiyordu. Seviyordu Nazenin'i, çoğu zaman söylüyordu da bunu. Birkaç kez kocasını bırakmasını istese de Nazenin, hep aynı yanıtı veriyordu:

– Bebelerini yalnız koma Yılmaz Efendi.

Yılmaz Efendi, evliydi. İki çocuğu vardı. Ama eşini hiç sevmemişti, eşi de onu. Kahramanmaraş'tan Ankara'ya liseyi okumaya geldiğinde, kayınbabasının orta ölçekli inşaat şirketinde ofis işlerine bakmaya başlamış. Çay getir, çay götür, fotokopi çek, bankadan para çek... Kayınbabası çok sahiplenmiş Yılmaz Efendi'yi. Hem üniversiteyi okutmuş hem de kendi şirketinde eğitmiş. Yılmaz Efendi, üniversiteyi bitirdiğinde de kızıyla evlenmesini istemişti. Yılmaz Efendi uzun süre karşı çıkmış bu düşünceye.

Genç kızın âşık olduğu bir adam vardı. Bu evliliği yapamazdı. Ya da Kahramanmaraş'taki gecekondusuna geri dönecekti. Üniversiteyi bitirdiğinde kalacak yeri dahi yoktu. Aldığı azıcık maaş sadece yol parasına yetiyordu. Kabul etti. Ama bu hem eşinin hem de kendisinin sonu oldu.

Nikah, belediye salonunda şahitler dahi uydurularak, kıyıldı. Genç kadını nikah masasına bir sürü sakinleştiriciyle oturttular. Yılmaz Efendi, onun neden sevdiğiyle evlendirilmediğini hiç sormadı. Delilikle akıllılık arasındaki ince çizgide gidiyordu kadın. Sonu gelmez depresyonlar, sinir krizleri...

Yılmaz Efendi, bir hata yaptığını değil, bir günah işlediğini düşünüyordu. Eve geldiğinde çoğunlukla genç kadını yatağın kenarında ağlarken ya da kendisine saldırmaya hazır halde buluyor, kadının intihar etmemesi için evde sürekli bir bakıcı tutuluyor, çoğu zaman içkilerine sakinleştiriciler atılıyordu. Çocukları olunca her şeyin düzeleceği fikri kayınbabasına aitti. Olmadı.

Çocuk, genç kadını içinden daha çıkılmaz bir ruh haline sürükledi. Yaşları ilerledikçe kadın duruldu, sakinleşti. Evdeki kavgalardan bıkıp yurt dışına okumaya giden bir daha da dönmeyen çocuğunun özleminin eski aşığının acısından daha ağır geldiğini fark etti. Çocuğu annesinin ne mektuplarına ne de telefonlarına yanıt veriyor, sadece paraya ihtiyacı olduğunda babasını arıyordu. Yalnızlığa dayanamayınca bir kez daha çocuk sahibi olmak istedi. Dünyaya gelen ikiz kız bebekleri, kadını yeniden hayata bağladıkça Yılmaz Efendi'yi evinden uzaklaştırıp, pavyonlara, otel odalarına sürükledi. Ağır parfüm kokularına, parlak rujlara, mor ışıklara artık dayanamayan Yılmaz Efendi'nin yolu da aynı zamanda Nazenin'le çakıştı.

Nazenin, bir yanda 10 yaşlarında günahsız iki kızın babasıyla ikincil bir hayat kurmanın vicdan azabını yaşıyor, diğer yandan bu küçücük apartman dairesini içinde kutsuyordu. Sabah 10'dan akşam 5'e dek bu evde yalnız başına durmak hoşuna gidiyordu. Zaman zaman Halil ve Özlem aklına düşse de yaşadığı o cehennem azabından bu şekilde kurtulmaya çalışmak ona büyük bir özgürlük duygusu veriyordu.

Hamileydi. İlk kez tadını çıkarabiliyordu gebeliğinin, ilk kez heyecanını yaşıyordu. Yılmaz Efendi onun duygularının karşısında şaşkın ve durgundu. Bu fikre alışması zaman almıştı. Nazenin, Yılmaz Efendi'nin çocuğunu doğurduğunda 29 yaşına basmıştı. Adını Samet koydu.

* * *

Babasını Hayri bilen Samet de İpek gibi yatılıya gönderildi. İstanbul Lisesi'nde okurken duymuştu korkunç olayı ve büyük bir üzüntüyle Ankara'ya çıkagelmişti. Şimdi duruşma salonunda İpek ve Özlem'in arasında oturuyordu. Sağ tarafında oturan ve tek eliyle elini avuçlarının içine alan Özlem ona hiç ulaşamayacağı kadar uzaktı, Halil ise hayatında hiç olmamıştı sanki. Dört kardeşin arasında hiç utanmadan, çekinmeden ağlayabilen bir tek kendi olmuştu. Henüz 14'ünde annesini sanık sandalyesinde bu derece aciz, bu derece zavallı görmek ona acıların en büyüğünü yaşatıyordu. Kafasında onlarca soru işareti vardı. Hep, bir ailesi olmasına karşın neden yatılı okuduğunu sorgulamış; Nazenin de ona özel ve zeki bir çocuk olduğunu bu yüzden öğretmenlerinin onunla gece gündüz ilgilenmesine izin vermesi gerektiğini söylemişti.

İstanbul'da en iyi okullarda okumuş, sınavlarının hepsinde başarılı olmuştu. Ara sıra ziyaretine gelen Yılmaz amcası hayli yüklü harçlık bırakıp, bir günlüğüne onu dışarı çıkarırdı. Çocukluğu Halil ve Özlem gibi kafasında her gün oluşan soru işaretlerinin peşinde koşarak geçmemişti. Ama hepsinden daha içli, daha duygusal, annesine en bağlı olandı. Her hafta mektup yazar, Halil o mektupları annesine büyük bir kıskançlıkla, istemeden okurdu.

Nazenin artık kocasını Yılmaz Efendi bellemişti. Yılmaz Efendi, her gün mutlaka o eve uğruyordu. Bir keresinde Nazenin'i denize bile götürmüştü. Elbiselerini alır, dışarı çıkarır, sinemaya götürür, Hayri ve çocuklarıyla yaşadığı evin mutfak masraflarını karşılar, üstüne Hayri'ye "maaşını" verirdi. Fabrikadan da emekli maaşı almaya devam eden Hayri'nin, kimseye bir kuruş verdiği yoktu. Ara sıra Halil'i gözleyip, bazen cebine harçlık bıraksa da bu genelde sarhoş olduğu ve Halil'i zorla odasından çıkarıp rakı masasına oturttuğu iki üç ayda bir kereyi geçmezdi.

Tam 16 yılını geçirmişti Nazenin, Yılmaz Efendi ile... Yıllarca süren zulmün ardından durgun bir hayata erişmenin mutluluğunu, olgunluğunu yaşıyordu. Pis kokulu arabaların içinde, barakalarda, parklarda dişlerini kenetleyip, yumruklarını sıkıp Allah'a yakardığı, dualar ettiği günlerin ardından çıkıp gelen Yılmaz Efendi'yi bir lütuf gibi görüyordu. Samet'e veremediği tüm aşkını Yılmaz Efendi'ye vermiş, ona yıllarca saygıda, sadakatte kusur etmemiş, hiç görmediği ikizlerini dahi kendi kızı gibi bellemiş, o bebelerin geleceği için Yılmaz Efendi'nin ailesini bırakıp, kendisine nikah kıymasına razı gelmemişti.

İpek ve Samet yatılı okula gidip de Özlem ve Halil de evlenip kendi yuvalarını kurduklarından beri Nazenin artık daha rahattı. Ama Hayri, gidişattan hiç memnun değildi. Giderek parası bitiyordu. Yılmaz Efendi'den parasını arttırmasını istiyordu, ne kadar arttırsa da doymuyordu.

Nazenin kapısından bile içeri girmek istemediği o eve Samet ve İpek'in ziyaretleri sırasında zorla giriyordu. Onlar gelmeden bir gün öncesinden büyük bir temizlik yapıyor, sonra Hayri ile karı koca gibi davranmaya çalışıyordu.

İpek, rutin ziyaretlerinden biri için Ankara'ya doğru yola çıkacağı bir gün annesine de önceden haber vermişti. Nazenin bu kez gündüzden Yenimahalle'deki evlerine gitmiş, ortalığı toplamış ve akşam saatlerinde eve gelen kızını karşılamıştı.

Sabah uyanıp, kahvaltı sofrasını hazırladı. Kızıyla kahvaltı etmenin mutluluğu peşindeydi. Önceki gün eve gelmeden markete uğramış, güzel bir kahvaltı için gerekli her şeyi almış, yol boyunca İpek'e ne yemekler yapacağını tek tek aklından geçirmişti.

Sabah, aynı heyecanla kalktığında evdekiler hâlâ uykudaydı. Üzerini güzelce giyinip, salondaki yemek masasına pembe bir masa örtüsü serdi. Televizyonda hareketli şarkılar çalan bir program bulup, yavaşça mutfaktan malzemeleri getirmeye başladı.

Hayri ile aynı evde olmanın tüm huzursuzluğu karşısında keyiflenmeye çalışıyordu. Bir yandan şarkılar mırıldanıyor diğer yandan sofrayı hazırlıyordu.

Peynir, zeytin, yumurta, çay, bardak, çatal, ekmek bıçağı... Her şeyi özenle dizip, koridora seslendi:

– Kahvaltı hazır.

Hayri'nin önce gölgesi yansıdı koridora, bu görüntü bile iğreti geldi Nazenin'e.

Ardından rakı ve ter kokusu ilişti burnuna.

Sonra Hayri göründü.

Bayağı yaşlanmıştı. Omuzları zayıflıktan iyice aşağı düşmüş, beli incecik kalmıştı. Atletinin altından uzanan pijaması sanki kalça kemiklerine asılı kalmış gibi duruyordu. Hâlâ ayılmamış gibiydi. Saçlarının ön bölümü neredeyse tamamen dökülmüş, kirli sakalları iyice beyazlaşmıştı. Ama gözlerinde hiçbir değişiklik yoktu. Tüm yaşlılığına, halsizliğine, zayıflığına rağmen bakışlarında Nazenin'i hâlâ korkutan, tehdit eden düşmanca bir eda vardı.

Nazenin, bir süre o gözlere bakakaldı. Ardından mutfağa doğru gitti ve televizyondan kulağına çalınan şarkıyı mırıldandı. Hayri'nin hızla tükendiğini ve artık ondan korkmaması gerektiğini düşündü. O hale karşın kendisiniyse her gün yeniden doğmuş gibi hissettiğini bu yüzden şanslı olduğunu düşündü. Hayri'den üstün olduğu gibi bir inanca kapıldı, umutlandı, kulağına çalınan şarkıya daha gür sesle eşlik etti.

Çaydanlığı alıp, salona doğru yürürken koridordan yeniden İpek'e seslendi.

Yemek masasına gelip, çaydanlığı bıraktı.

O sırada sandalyede oturan Hayri, Nazenin'in bileğini kavradı.

Göz göze geldiklerinde yeniden bir çocuk gibi kalıverdi Nazenin. Öfkeyle bakan Hayri ise sıktığı dişlerinin arasından konuştu:

– Bugün arkadaşım gelecek.

Nazenin'in yemyeşil gözleri hiddetle Hayri'ye döndü, sonra sofraya...

Ekmek bıçağına ilişti.

Gerisi, ağır bir kan kokusu; aynı Remzi'nin altındayken beton yere saçılan.

Gölbaşı'nda rüzgara karışan, bileklerindeki maviliklerden patatese bulaşan kırmızı bir koku sardı her yanı...

Kan tutardı Nazenin'i, bir tarafa yığıldı kaldı.

İpek'in çığlıkları, telsiz ve ambulans sesleri birbirine karıştı.

Kimseler çıt çıkmayan, her sabah işine gidip her akşam aynı saatte evine gelen, başını yerden hiç ayırmayan, kimselere kendini göstermeyen, bu çıt kırıldım, bu incecik, küçücük kadının bir adamı nasıl olup da öldürebileceğine anlam veremedi. Komşular, bu çelimsiz, sıska, bakımsız, iki eli presten yumru yumru ve hiç konuşmayan adamı kimin öldürebileceğini anlayamadı...

Tüm seslerin arasında kendine gelen Nazenin, ömrüne sığdıramayacağı çığlıkları ardı ardına sıraladı. Kırmızı batağın içinde dövünürken, bağırırken, sadece o anın şokunu değil geçirdiği tüm yılların isyanını kustu...

Sanık sandalyesinde bunları düşünürken, kendini hâlâ kırmızı bir kokunun içinde az sonra bayılmamak için direnirken buldu. Duruşma salonunun giderek ağırlaşan kokusu ona Remzi'yi, Sincan'ı, Gölbaşı'nı, Hayri'yi, ismini dahi bilmediği parkları, arabaları, barakaları hatırlattı.

Bir an için kendisinin masum olduğunu söylemeye yeltendiğinde başını çevirip çocuklarına baktı. Halil'in ve Özlem'in tedirgin halleri onu yeniden suskunluğa mahkûm etti. Samet'in ve İpek'in ıslak gözlerine baktı. Meraklı duruşlarına. Hiçbir şey söylemeden, başını eğdi, ellerini kazağının içine saklayıp, çenesini yakasına gömdü. Gözyaşlarının nasıl olup da kendisinden bağımsızmış gibi akıp gittiğini şaşkın şaşkın izledi...

Sessizliği, kararını açıklayan hâkim böldü.

Nazenin, yıllar yatacağı cezaevine dönerken, son kez çocuklarına baktı. Ömrünün sonuna kadar bir daha onlara bu kadar yakın olamayacaktı. Son anında olsun onlara zarar vermemek için yine susmayı tercih etti.

Üçüncü ve son duruşmasından dönerken, cezaevi aracından dışarıya doğru ne vakit kafasını çevirse, Hayri'nin tırnaklarını pencerenin lastiklerine geçirip, heyecanla kendisini izlediğini sandı. Gözlerini kapatıp ömrü boyunca peşini hiç bırakmayacak olan kabusun bir anlığına da olsa gitmesini bekledi.

Suskunluğunu ve düşlerini, koğuşunun beynini bulandıran kireç boyasına gömdü.

Cinayet, ertesi gün gazetelerin üçüncü sayfalarında küçücük bir haber olarak yerini aldı. Mahkeme, üçüncü celsede kararını verdi. Kocasını öldürme suçundan 24 yıl ceza aldı. Hiç konuşmadığından, savunma yapmadığından indirim uygulamadı. 2005 yılından bu yana cezaevinde.

Kaldığı cezaevinde mantı atölyesinde çalışıyor. Atölyedeki o ve onun gibi onlarca kadının yaptığı mantılar kentteki büyük marketlerde satışa sunuluyor. Ayda 100 lira maaş alıyor. Sigortası da asgari ücretin üçte biri üzerinden yatıyor, okuyan çocuklarının sigortasından yararlanmasını istediği için çalışmayı bırakmıyor.

Yılmaz Efendi'yi cinayet olayından sonra hiç görmedi.

KÜRTAJ

Yıllardır elbiseler bakındığı, yeni eşyalar aldığı mağazaların bulunduğu pasajda, bugün bir doktorun muayenehanesine gitmişti. İlginçtir, genç kızlığının geçtiği bu caddede, girişindeki askılıklar boyunca türlü kazakların, elbiselerin bulunduğu, içeri girdiğinde dört bir yandan mağaza çalışanlarının müşterileri içeri buyur ettiği bu pasajda bir muayenehane olduğunu bilmiyordu. Aynı caddeden belki binlerce kez geçmiş ama başını kaldırıp da pasajın sekizinci katında duran levhayı hiç görmemişti.

Kim bilir o caddede daha geçip de görmediği, farkında bile olmadığı neler vardı. Bu muayenehanenin adresini bir arkadaşından almıştı. Belli ki o da bir arkadaşından almış. O da belki bir arkadaşından. Liste böyle uzayıp gidiyordu, ancak başı sıkışanlar fark ediyordu tüm gösterişiyle caddenin orta yerinde duran doktor muayenehanesini.

Muayenehaneden çıkıp, asansöre bindiğinde bu saçma sapan düşünceler geçiyordu aklından. Asansör durup da giriş katına geldiğinde bir an için kapıyı açmakta tereddüt etti.

Ya onu gören biri olursa, ya nereye gittiği anlaşılmışsa?

İçini kaygılar bastı bir anda. Asansörün dışına adım attığında, dengesini kaybetti. Duvara tutunup, toparlandı. Yürürken sanki yer ayağının altından kayıyordu. O da adımlarıyla yeri yakalamaya çalışıyordu. Birkaç adımı başını oldukça aşağı eğerek bu şekilde attı, çevresinden gelip geçenler onun garip yürüyüşüne bakakaldı. Kafasını kaldırıp bakışları gördüğünde kaygılarının yerini panik ve korku aldı. İçinden, "Kesinlikle oradan indiğimi anlıyorlar," diye geçirdi.

Başını dimdik tutup hızlı adımlarla pasajdan kendini dışarı atmaya çalıştığı sırada bu kez ensesinden kafatasının üstüne doğru yumruk atıyorlarmış gibi dayanılmaz bir sancı tuttu. Kanının çekildiğini hissetti, tansiyonu hızla düşüyordu. Pasajdan çıktığında yığınla insanın üzerine doğru geldiğini gördü, aynı korkuya kapıldı. Durup, kimsenin gözünün içine bakıp bakmadığını anlamaya çalıştı, insanların gözlerine dikti gözlerini, nefes nefeseydi.

Önce korkularından aklını kaçırır mı diye düşündü, ardından aklını kaçırdığı için mi korkulara kapıldığını. Duvara yaslanıp derin derin nefes almaya başladı, "Aklına mukayyet ol Canan, aklına mukayyet ol," diye sayıkladı.

Soluklandığı duvarın dibinde, hâlâ narkozun etkisinde olduğu için böyle düşündüğünü tekrarlayarak, kendi kendini telkin etti. Kafatasının içinde hâlâ bir zonklama vardı, etrafı sarhoş gibi görüyordu. O ara çok acıktığını fark etti.

Doktordan çıktığında kendini çok yorgun hissedeceği konusunda uyarmıştı arkadaşı. Operasyon parasını zar zor denkleştirmişti. Bu yorgunluk uyarısı muayenehane girişinde aklına gelmiş, taksi ile eve dönmesi gerektiğini düşünerek operasyon parasının içinden 20 lirasını yol parası için ayırmıştı. Parayı öderken sekreter kıza, "Üzerini bir iki güne getiririm" demişti ama yaptığı emrivaki hiç hoş karşılanmamıştı. Kadının bakışları hâlâ gözlerinin önündeydi.

Sakladığı yol parasını yemek için harcayabilirdi. Bu durumda eve taksi yerine otobüsle gitmek zorunda kalacaktı. Bayılıp sokak ortasında kalmaktan korkuyordu. O zaman her şey ortaya çıkabilirdi. Yemek ve yol arasında gitti geldi, yemek yemeyi tercih etti.

Gözüne ilişen ilk lokantaya oturdu. Garsondan sandviç döner ve ayran istedi. Garson, bir kâğıda sarılmış yarım ekmeğin içinde olduğu tepsiyi Canan'ın yüzüne bile bakmadan, masasına bıraktı. Ayran almak için buzdolabına kadar gidip geldiğinde, Canan çoktan sandviçini bitirmişti. Nasıl yediğini o bile anlamamıştı, sadece turşu, o hiç sevmediği salatalık turşunun tadını anımsıyordu.

Turşunun damağında bıraktığı ekşi tatla birlikte, kendisine karşı bir tiksinti hissetti. Yemek yemiş olmak içini acıtmıştı. Damağındaki tatlar birden acı geldi ona, kusmak istedi.

Az önce çarpan bir kalp sesi duymuştu, dakikalar içinde o sesleri susturmuştu. Az önce kürtaj olmuştu. Üzülüyordu. Doktor muayenehanesindeki o buz gibi sedyeden kalkar kalkmaz bir lokantaya girip sanki kutlama yapar gibi üzerine döner yemişti. Bunu düşünüyordu. Gayet insancıl olan yemek ihtiyacı şimdi ona büyük bir ayıp gibi görünüyordu.

Düşüncelerinden kendini alamıyordu. Her şeyin bu kadar basit olduğuna şaşırıyordu. Yanında bir şey getirmek istemişti, belki bir kavanoz, bir cam kap, ya da küçük bir karton kutu. Doktorun çıkardığı şeyi almak istemişti yanına. Orada sedyenin bittiği yerde ayakucundaki büyük mavi naylon çöp kutusuna gitsin istememişti. Türlü çöplerin üzerinde dursun istememişti. Ama her şey öyle hızlı olmuştu ki.

Doktor, kolunu bir yandan ovalarken, diğer yandan iğneyle narkoz vermiş, "Birazdan dalacaksın," diyerek, odadan çıkmıştı. Sonra da Canan'ı uyandırmıştı. Canan, ayağa kalktığında operasyon bitmişti, hâlâ narkozun etkisindeydi. Sekreter kıza parayı eksik verirken söylediği özürler kulağına yankılanarak gelmişti. Her şey dakikalar içinde bitivermişti. Canan, Taner için de her şeyin ne kadar basit olduğunu düşündü. Hamile olduğunu çekinerek söylemişti Taner'e telefonda. Ardından Taner'in bodrum katındaki, küçük evinde bir araya gelmişlerdi. Taner'in hamilelikten hiç laf açmadığına şaşıran Canan, gururunun incindiğini düşünerek susmuştu. Sevişmişlerdi. Yataktayken Taner durup dururken dönüp "Sence kız mı erkek mi?" diye sormuştu. Canan sevinmişti, "erkek bence" demişti.

Sonraki görüşmelerinde Canan'a kürtaj yaptırması gerektiğini söylemişti. Canan, yapamamıştı bunu. Yapamayacaktı. Yalvarmıştı, hiç kullanmadığı bir kelimeyi kullanmış "günah olur," demişti, "Bebemize kıymayalım," demişti. Taner ise "Bebek filan değil o, sadece bir kan pıhtısı," diye, kestirip atmıştı.

Ağlaya zırlaya yanına gittiği en yakın arkadaşı Fidan, "Abartılacak bir şey yok. Ben de kürtaj oldum. Küçük bir operasyon işte," demişti.

Taner, "Hiç demiyorsun adam evliyken bile çocuk yapmamış, şimdi niye yapsın. Eski karım kendi gitmişti doktora, kürtaj için," demişti.

Doktor, içinden aldıklarını çöpe atıvermişti.

Her şey bu kadar basitti demek ki. Canan, her şeyin bu kadar basit olduğuna inandırmaya çalışıyordu kendini.

Olmuyordu.

Gelip geçenlere bakarken hayatın insanları sürekli ters köşeye yatırdığını düşünüyordu. Ya da özellikle kendini. Kendini böyle mağdur görme huyu vardı, yaşadıklarını ve duygularını mağdurluğu üzerinden abartırdı. Bu yüzden de sevdi mi çok severdi, üzüldü mü çok üzülürdü, kızdı mı çok kızardı.

"Hayat beni hep ters köşeye yatırdın sen," dedi içinden. "Hep ters köşe..." "Mesela," diye geçirdi içinden,

"Evlenirsem boşanmam derdim, iki yılda boşandım. Çocuğum olursa babasız koymam dedim, kızımı alıp baba evine döndüm.

Kızıma üvey baba istemem dedim, Taner'e âşık oldum.

Hayatta bir bebeğe kıyamam dedim, az önce kürtaj oldum..."

Bu sözleri tek tek kendi kendine tekrarlarken, birden "Sesli mi konuşuyorum?" diyerek, endişelendi. Konuşurken ağzının oynayıp oynamadığından şüphelendi, kimsenin kendisini fark edip etmediğini merak ederek çevre masaları süzdü. Az ileride anneleriyle oturup, sandviç yiyen iki çocuğa takıldı bakışları, ağlamak istedi.

Ama öyle gerilmişti ki vücudu, gözyaşları dahi kilitlenmişti. Ah bir ağlasa, içindeki derin hüzün gözyaşlarıyla birlikte çıkıp gitse, vücudunun ağrılı yerlerinde kendine yer bulan ölüm biraz önce atan kalp gibi uyduruk bir şırıngaya dolup bedeninden ayrılsa.

Aynı düşüncelerle ayağa kalktı. Yer artık kaymıyordu ayağının altından, tansiyonu normalleşti sanırsa, nefes alıp verişleri düzene girdi. Ama başındaki ağrı, hiç bitmeyecek gibiydi.

Yorgundu, çok yorgun hissediyordu kendini ve bu halde eve gitmek istemiyordu. Biraz yürümek istedi, yolu Taner'le sık sık buluştukları Kanlı Kavak Parkı'na düştü. Girip, banklardan birine oturdu. Taner'i düşündü. Ona zorla yaptırdığı bu kürtaj olayı nedeniyle çok kızgın olmalıydı, ondan nefret ediyor olmalıydı, onun yüzünü bir daha görmek istemiyor olmalıydı. Ama hiç de öyle değildi. Aklından nefret yüklü düşünceler geçerken, kısacık akşamüstü düşleri ondan af dileyen pişmanlık dolu Taner'le tekrar bir araya geldikleri mutlu sonla bitiyordu. Mutlu sonlara kızıyordu, çok kızıyordu kendine.

Biraz daha iyi hissettiğinde, durağa yürüdü ve gelen ilk otobüse bindi. Otobüs kalabalıktı, dışarıda sıcak içeride üst üste insanlar ve inanılmaz bir koku vardı. Sıcaktan, işten, güçten, açlıktan, akşamın bu vaktinden herkes sinirliydi. Canan, önce şoförün çatık kaşlı bakışlarıyla karşılaştı, ardından muavinin, sonra dizi dizi yolcuların. Önündeki koltuk direğine iki eliyle birden tutunup, başını eğdi "Acaba biliyorlar mı nereden geldiğimi?" diye geçirdi içinden.

Canan ilk kez kürtaj olmuştu. Çevresinde başka kim, ne zaman, nasıl, nerede kürtaj olmuştu bilmiyordu. Bu kelime ona oldu olası soğuk ve korkutucu gelmişti. Hiçbir zaman kullanmadığı bu kelime yerine başka şeyler koymak isterdi, operasyon gibi. Kendi kendine düşünürken bile kürtaj demeye çekinirdi. Bu denli hayatından uzak olan kürtaj, aileler arasında, akrabalar arasında, yaşadıkları mahallede, şehirde her yerde öyle kötü anılırdı ki kürtaj olan kadına kötü gözle bakılır, adı anılmazdı. Erkekler evde akşam böyle bir dedikodu duyduklarında o kadını dövecekmiş gibi kendi kendilerine efelenir, kadınlar kısık sesle yaptıkları dedikodunun o bölümünde vicdansız gibi hakaretlerle seslerini yükseltmekte beis görmezlerdi.

Ne düşüneceğini ve ne yapacağını bilmiyordu. Yaptığı en yakın arkadaşı Fidan'ın hafife aldığı; en yakınları teyze ve yengelerinin ise çok kötüleyeceği bir şeydi. Öyle uzaktı ki; herkes bu durumun uçlarında yaşıyordu. Hem kendini aşan bir üzüntü duyup hem de bunu yapmaya zorunda olduğuna inanan Canan, duyguları ile ilgili bir orta yol bulamıyordu.

Şimdi bu otobüste, üst üste çullanmış kalabalığın göbeğinde, bir demire iki eliyle birlikte sıkı sıkıya tutunurken bunları düşünüyordu. Nedensiz kaygıları paniğe, tere, titremeye dönüşüyor, "Acaba biliyorlar mı?" diye düşünüp, başını aşağı eğiyordu.

Otobüsten indi, eve doğru yürüdü. Çocukluğunun geçtiği bu evi seviyordu. 16'sında görücü usulü evlenip, ayrılmıştı buradan. Ama gittiği evi hiç sevmemişti, hep burayı özlemiş, evinin kokusu burnunda tütmüştü. 17'sinde kızını kucağına almış, 19'unu bitirdiği gün boşanıp babasının evine geri dönmüştü. Babasının kozmetik dükkânı ile evleri karşılıklıydı, dükkânda çalışır, akşam olur olmaz eve gelirdi. Dükkânın yanındaki berber dükkânında tanışmıştı Taner'le. Âşık olmuş, uzun süre beraber olmuşlardı. Neredeyse herkes biliyordu mahallede birlikte olduklarını. Annesi babası da biliyordu ama bilmezden geliyorlardı.

Önce Taner'in dükkânının, ardından babasının dükkânının önünden geçti, eve girdi. Geldiğini duyup boynuna atlayan 9 yaşındaki kızına olan gücüyle sarıldı. Ağlamak istedi, gözyaşlarına engel olamayınca koşarak banyoya girdi. Annesi mutfaktan telaşla banyonun kapısına koştuğunda, "Bir şey yok anne," diye seslendi. Aynaya baktı, onların sevgisi ve hoşgörüsü karşısında kendini ezik hissetti.

Hiçbir şey olmamış gibi çıktı banyodan, annesine bakıp güldü. Yorgunluktan kıvranıyordu ama mutfağa girip, ona yardım etti. Arkadaşlarıyla geçirdiği bir gün yalanını uydurup, çeşitli hikâyeler anlattı. Sofranın başında babalarını beklerlerken, hâlâ durgundu. Babası gelip, yemeğe oturduklarında damağına yine kötü bir tat ulaştı. Kendini, sıcak bir evdeki aile yemeğine uymaya zorluyordu.

İçinde çocuğun ölmüşken hiçbir şey olmamış gibi durmak zorunda olmak.

İçinde çocuğun ölmüşken hiçbir şey olmamış gibi akşam yemeğine oturmak.

İçinde çocuğun ölmüşken hiçbir şey olmamış gibi televizyon izlemek.

İçinde çocuğun ölmüşken hiçbir şey olmamış gibi gülmek, muhabbet etmek.

Zordu.

Yatağa başını koyduğu an uykuya daldı. Sabah, uyanıp babasıyla beraber, dükkânı açtı. Taner'in çalıştığı dükkânın yanındaki dükkânı. Kalp sesi çınlıyordu kulaklarına ya da o sesi duymak istiyordu. Her şeyi abartırdı ya Canan, olup bitenleri de böyle abartıyordu. Taner'den soğumaya çalışırken, aynı anda akşam yemeklerinden, akşam sohbetlerinden, akşam ev hallerinden de soğuyordu.

Öyle üzülüyordu ki bir an önce Taner'le buluşmayı, ona üzüntüsünü anlatmayı, göğsüne sarılıp acılarını hafifletmeyi istiyordu. Taner'in, saçını okşayıp onu avutmasını bekliyordu. Başlarına bir felaket geldiğine ve bu felaketin, bundan sonra onları hep bir arada tutacak bağ olduğuna inanmak istiyordu. Aynı çocukları hasta olan karı kocalar gibi, aynı depremden sağ çıkan bir aile gibi aralarında onulmaz ve kutsal bir bağ oluştuğuna inanıyordu. İleride çok değil birkaç ay sonra evlenip, çocuk sahibi olduklarında Taner'in bugünleri pişmanlıkla anıp, ona sarılacağını düşünüyordu.

Tüm gün dükkânda Taner'in aramasını, en azından vitrin camından ona bir selam vermesini bekledi, olmadı. Ara sıra çıkıp onun çalışıp çalışmadığını kontrol etme ihtiyacı duydu, Taner'i oracıkta görünce yine beklemeye başladı, olmadı. Dükkânının kapısının önüne koydukları ojeleri, pamukları, kolonyaları yeniden dizme bahanesiyle dışarıya çıkıp da bekledi, olmadı. Akşam oldu, Taner'den ses çıkmadı.

Ertesi gün, ertesi gün, ertesi gün... Günlerce Taner'den ses çıkmadı.

Kafasından geçen sorulara yanıt bulamıyordu Canan. Neden böyle olduğunun yanıtını bulamıyordu. Bunları hak etmediğini düşünüyor, kendi kendine "Ben bunları hak edecek ne yaptım?" diye soruyordu. Arkadaşı Fidan, onun hamile kaldıktan sonra çocuğu doğurmak isteyerek Taner'i kendinden soğuttuğu gibi gerçek, gerçek olduğu kadar da insanın içini donduran, dinlerken dahi insana yabancı gelen şeyler söylüyordu. Onu dinlemek, ona inanmak şöyle dursun artık onu görmek bile istemiyordu. Korkuyordu. Ona gerçekleri söyleyecek herkese karşı bir korkusu vardı.

Oysa çocuğunu Taner'le daha iyi bir ilişkisi olsun diye kurban verdiğini söylüyordu kendi kendine. Taner'e olanca mağdur görünmek isterken, kendisi abartılı bir mağdurluğun içinde çırpınıyordu. Durumunu daha da içinden çıkılmaz bir hale sokuyor, kendini bile bile nefret ve öfke dalgasına teslim ediyordu.

Günler sonra dayanamayıp, bir cesaret Taner'i aramış ama yanıt alamamıştı. Mahalleliyi umursamadan, dükkânına girip yaptığı buluşma teklifleri de kabul edilmemişti.

Canan, bıkmadan usanmadan bir kez daha buluşmayı yaşadığı kötü günleri anlatmayı, bu günahın ikisine de musallat olacağını söylemeyi istiyordu. Onun da kendisini kötü hissettiğini görmek istiyordu.

Sonunda ısrarların arkasını kesmek istemeyen Taner, buluşma teklifini kabul etti. Her zaman buluştukları parkta, bir çay ocağında oturdular.

Canan hiç konuşmadan bakıyordu yüzüne, Taner bir kadının ısrarlarından havalara girmiş "Eee ne konuşacaksan konuş, işim var," diyordu.

Canan hiç konuşmadan bakıyordu yüzüne, Taner bir kadının beğenisinden mest olmuş havadan sudan konuşuyor, kendini övüyordu.

Canan, baktıkça doktordan çıktığı anı hatırlıyordu.

İçinde çocuğun ölmüşken onun katilini izlemek ne zordu.

İçinde çocuğun ölmüşken onun havalı kibirli ve hissiz hallerini izlemek...

Canan onu dinlerken, dizlerinin üzerine koyduğu çantasından yanında getirdiği tabancayı çıkardı.

Masanın altından tutup bir kez ateşledi.

Katilinin havalı ve hissiz konuşkan o halleri yerini derin bir sessizliğe bıraktı.

Bir kadının aşkından başı dönmüş o şımarık halleri yerini büyük bir şaşkınlığa bıraktı.

Ölüm bir kez girdi mi bir kadının aklına, çıkmıyordu.

İçinde çocuğun ölmüşken dışarıda kimsenin gezmesine izin vermiyordu.

Ölüm bir kez girdi mi bir kadının bedenine yayılıyordu.

Canan'ın rahminden giren ölüm, Taner'i alıyordu.

Adam öldürme suçundan 19 yıl ceza aldı.

Görüşmeyi yaptığımız sırada kapalı cezaevinde kaldığı süreyi tamamlamış, açık cezaevine geçmeye hazırlanıyordu. Tahliyesi yakınlaşmasına karşın içinde bir korku vardı, o korkuyu "İnsan korkusu var içimde. Çıkınca ne yaparım bu korkuyla bilmiyorum," diye anlattı.

AKREP

"Kocamın adamları peşimdedir hâlâ,
Benim ve bebemin.
Hasımlarım var burada,
Bütün koğuşlarda.
Öldürecekler beni, öldürecekler
N'olur yardım edesin."

Aydın Çalışkan, Aksaray'dan yeni atanmıştı bu cezaevine. Koltuğuna oturur oturmaz da canhıraş kapıdaki görevlilere bağırışlarını duymuştu Demet'in. Pek alışıktı bu durumlara ya yine de ilk günün tedirginliğiyle kapıya koşmuş, odasına almıştı kadını.

Demet, daha kapı açılır da içeri adımını atar atmaz, terliklerini yere sürte sürte, avucunun içinde bir şey ufalıyormuş gibi parmaklarını birbirine ovuştura ovuştura, yüksek sesle anlatmaya başlamıştı.

Müdürün ardından hızla yürüyordu. Vücudunun her uzvu, kolları, parmakları, bacakları, ayakları kendiliğinden apayrı hareket ediyordu. Özellikle de başı. Başını ha bire ardına çeviriyor, sözlerine ara vermeden sürekli etrafını kolaçan ediyordu.

Oysa sadece cezaevi müdürü vardı odada. Bir de ne olur ne olmaz diye Demet'in ardından odaya sızan işgüzar bir gardiyan.

Kapı kapalıydı, pencereler kapalı. Kapı kilitliydi, pencereler demirli. Kimseler yoktu, olması ihtimali de. Ama yine de maviş koca gözleri sürekli kolaçan ediyordu ardını, sağını, solunu. Ve boynunun üzerinde bir o yana bir bu yana dönen başıyla hızlıca anlatıyordu.

"Sarımsaklara sardım da sakladım bebemi.

Kundağına sardım sarımsakları, koltukaltına, boynunun altına, çoraplarına.

Ölümcül iğnelerden, zehirli yemeklerden, kem gözlerden, hasımlarımdan, düşmanlarımdan, büyülerinden, oyunlarından...

Sakladım da sardım koynuma, kucağıma, mememe.

Sirkelere bandım yıkadım onu.

Dualarla süpürdüm olduğu her yeri, dualarla kovaladım.

Allah'a yalvardım her dakika, uzak tutsun bizi o şeytanlardan diye.

Peşimizdeler, öldürecekler bebemi de beni de."

Çok bebeler beslemiş sol memesine vuruyordu ha bire. Oturduğu sandalyede memelerine vuruyor, böğrünü dizlerine doğru eğiyor, geri kalkıyor, ardına bakıyor; ellerini memelerinin üzerinde birleştiriyor, hırkasının iki ucunu birbirinin üzerine sarıyor ardına bakıyor; başında düşecek gibi duran başörtüsünü düzeltiyor, saçlarını kulağının gerisine atıyor, ardına bakıyordu. Ardında bir tek duvar vardı. Gri bir duvar.

Hareketleri kadar konuşması da hızlı ve karmakarışıktı. Akrepler, yılanlar, zehirler, iğneler, hırsızlar, katiller, büyüler, cinler, dualar, melekler ve daha bir bebek ve bir ölüm hakkında söylenebilecek her şey...

Deli miydi? Anneler delirebilir miydi? Bu denli kutsallık yüklenen, bu denli sabır, güç, inanç addedilen; memeleri ve bebelerinin resimleri tozpembe kâğıtlara işlenen anneden deli olabilir miydi?

Deli olamazdı.

Deli değildi.

Deli olabilecek kadar vakti yoktu. Deli olabilecek kadar kimsesi yoktu. Öyle çok işle öyle yalnız bırakılmıştı ki deli olabilecek bir anı bile kalmamıştı. Belli ki korkuyordu, hem de çok korkuyor, sadece korkuyordu...

Öyle çok korkuyordu ki kimseler anlamamıştı korktuğunu, deli sanıp, deli diye kaçıp, deli diye kovalamışlardı. Kucağında bebesiyle kovula kovalana geldiği üçüncü cezaeviydi burası.

* * *

İlk gittiği yer Adana Karataş'ta küçük bir cezaeviydi. Memurları ve gardiyanlarının, çizelgedeki "deniz kenarı" ibaresine kanıp yol aldığı, sahil kasabalarının tersine kasvetli ve cansız havasıyla karşılaştıklarında şaşırıp, mutsuzluğa düştükleri bir yerdi burası. İlçe merkezinin uzağında, giderek yükselen onlarca binanın ardında uzun duvarlar ve nöbetçi kulübeleri ile çevrelenmiş, adı hemen her gün eylem yapan siyasi kadın mahkûmlarla anılan bir cezaeviydi.

Demet, ring aracında onca yolu kucağında on aylık bebeğiyle gelmiş; içeri girer girmez yapılan sıkıcı aramanın ardından avluyu geçip, koğuşunun bulunduğu binaya girmişti. Hemen giriş katta, kantinin bulunduğu koridorun sonundan sola dönmüş kapısında içeride kalan kadınların resimleri ve isimlerinin yer aldığı panonun bulunduğu koğuşa girmişti. Temizdi, mozaik kaplama yerleri sanki yeni silinmiş gibiydi. Ana giriş kapısı da dahil neredeyse tüm cam ve kapılar açıktı. Öyle sıcaktı ki her yer, üst katlardan alt katlara devir daim yapan rüzgar bile soğutmaya yetmiyordu binayı.

Sıcak havaya rağmen uzun eteğinin altında çorabı, ayağında terlikleri, bluzu, her daim başından düşecekmiş gibi duran yemenisi üzerinde; penyeden battaniyeye sarılmış, gözleri bile görünmeyen bebesi kucağında koğuş kapısındaydı Demet. Maviş gözlerini kocaman açmış, başını bir kartal misali gövdesinden ileriye uzatmış uzun süre koğuşu izlemişti. Ranzalarının alt katlarına oturmuş beş kadın, bacaklarını iki yana açıp uzatmış, eteklerini bacaklarına kadar sıyırmış, sıcaktan biharap havaları konuşuyorlardı; geçmez diyorlardı 41 derecede mahpusluk...

En önde ayak bileklerini birbiri üstüne atmış Fahriye Anne, elinden düşürmediği mendilini gözlerinin altından boynuna, ardından ensesine doğru götürürken, başını çevirdiği sırada gördü Demet'i. Demet'in, başını ileri atmış, bebesini tuttuğu gövdesini geriye gizlemiş halini görünce içini bir endişe kapladı. Ayağa kalkıp, ona doğru ilerlerken, Demet kapıdan kaçtı. Olan bitene anlam veremeyen kadınlar, bir süre kapının ardında tedirgin beklerken Demet, bir gardiyanın kolunda yeniden geldi koğuşa. Ve sırtını duvara verip, adımlarını duvardan yana yavaş yavaş sürterek, gözlerini kadınlardan ayırmadan kendisine gösterilen ranzaya ilişti, iliştiği anda da bebesinin yüzünü göğsüne dayayıp bekledi.

Bir saat, iki saat, üç saat...

Gece oluncaya, ışıklar sönünceye, güneş doğuncaya dek...

Bir saniye olsun iri mavi gözlerini kapamadan durdu Demet, bir saniye olsun güzel bebeğinin yüzünü göğsünden öte yana çevirmeden sabahı bekledi. Bakışlarıyla koğuştaki her yeri bir bir taradı, kapıdan gözlerini alamadı, gerçekten uyuyorlar mı diye kadınların nefeslerini dinledi. Bebesinin huzursuzluğu vicdanını yaralasa da kımıldamadı, saatlerce hiç hareket etmedi, oturduğu yatağın üzerinde sırtını dayadığı duvardan bir santim kımıldamadı.

Kocası, "adamlarım var. Nerede olsa bulurlar seni," demişti, o laflar Demet'in kulağında çınladı. "Üç kuruş, beş kuruş ne kadar ucuz insanın canı, olmaz mı olur," diye geçirdi içinden. "Hadi canımdan geçtim, ya kıyarlarsa küçücük bebeme," diyor, zavallı bebeğe ağladıkça sakinleşmesi için memesini veriyor, her şeyi onu korumak için yaptığını tekrar ediyordu...

Sabah, gözlerini açıp yatakta doğrulan Fahriye Anne gördü, Demet'in halini. Saatlerce hiç kımıldamamış olduğunu fark edince dehşete kapıldı, yanına gidip "Kızım hepimiz böyle geldik buraya. Alışacaksın ama şu yavruya eziyet etme" dedi. Demet, o konuşurken sanki duyamıyormuş, konuşamıyormuş, göremiyormuş gibi gözlerini bir noktaya dikti, tepki vermeden gitmesini bekledi. Ellerinin bebeğine, bebeğinin saçına, bedenine, tırnağına değmesinden korktu, korkusunu belli etmemek için nefesini tuttu, bekledi.

Halden anlardı Fahriye Anne. Boşuna "anne" dememişlerdi ya ona. Yaşından, ağırlığından, alnındaki çizgilerden, yüzündeki çilelerden pek hürmet görürdü koğuşta. Kadınlar daha konuşmadan dertlerini anlar, sabırla nasihatler verir, kavgayı, gürültüyü sadece varlığıyla engellerdi. Ama Demet'e laf geçirememişti, içi el vermemişti bebeğin öyle rahatsız durmasına.

Az ileride Nuray da uyanmış, ranzasından onları izlemişti bir süre. Kadına bakmıştı, gözlerine, sarı saçlarına, eteğinin altına giydiği uzun çoraplarına ve terliklerine; bu halleriyle hiç benzemese de anasını anımsamıştı. Bebeğini öyle koruması, anasını aklına getirmişti. Gözaltına ilk alındığında, anası evinden terliklerle çıkıp gelmişti yanına, sağlık kontrolüne götürülürken terlikle düşmüştü peşine, ayağında terlikler üzerine öylesine geçirilmiş bir mont ve gözyaşlarına

177

karışan sarı saçlarıyla yalvarmıştı polislere, kızını bir kez görebilmek, sırtını sıvazlayabilmek, güç verebilmek için. İzin vermemişlerdi, o da polislerin ardında kalan gövdesine rağmen bir kartal misali başını ileri atmış, kızını teselli etmeye devam etmişti. Hiç benzememesine rağmen anasına, sırf analığının hatırına Nuray'ın içi ısınmıştı Demet'e. Ama Fahriye Anne'ye tavrını görünce çekinmişti. Sessizce başını öne eğmişti diğer kadınlar gibi.

Günle birlikte herkes işine çekilmişti. Fahriye Anne ayak bileklerini üst üste atmış kendi kendine dualar okuyor, Nuray bir şeyler yazıyor, biri yatağını düzeltiyor, biri esniyor, diğeri ip örüyordu. Demet, sırtını verdiği duvardan, tek tek aynı işleri büyük bir yavaşlık ve olağanlıkla yapan kadınları izliyor, hiçbir hareketlerini kaçırmamaya dikkat ediyordu.

Yataklar, yatakların altlarından korkuyordu. Yatakların altına gizlenen türlü türlü şeylerden; dolaplar ah o dolaplara tek tek bakabilse, o dolaplarda kimsecikler saklanmış mı bilebilse...

Ya bu kadınlar? Bu kadınlar tek tek nereden gelmiş, kocasını tanıyan var mıdır, kocasını tanıyan olmasa bile kocasının adamlarını tanıyanlar var mıdır öğrenebilse...

"Bu kadınlar, bana bilerek bakmayan kadınlar, bilerek mi bakmıyorlar? Niye bakmıyorlar? Hepsi mi bir, hepsi mi sözleşmiş? Gardiyanlar nerede, ne zaman gelecekler, niye gelmiyorlar, gardiyanlar da mı onlardan?

Ya bu duvarlar?

Nerede bu silahlar? Silahlar olmaz, silah olamaz çok iyi aranıyorlar, bebelerine kadar aranıyorlar. Apış aralarına kadar arıyorlar, hemi de kadınlar, erkek gibi kadınlar, elleriyle külotlarının üzerinden apışaralarına kadar vurup arıyorlar.

Peki neyle, neyle öldürecekler beni, neyle kıyacaklar bize?"

Nefes alış verişleri artmıştı, kalbinin sesi kulaklarını parçalıyordu, hızla yükselip inen göğsünün önünden bebeğinin de onunla beraber hızla yükselip indiğini görüyordu. Gözlerinin önünden sürekli bıçaklar geçiyordu, ama kara paslı siyah bıçaklar, sapları kopmuş delikli eski bıçaklar, annesinin evinde olandan, köydeki tek göz odalı evinde dahi olmayanından, eski mi eski ama eski bile olsa kendisine hiç ait olmayanından.

Gözlerinin önünden falçatalar geçiyordu, kızına aldığından, kırtasiyelerde gördüğünden, fosfor yeşili, uçuk pembe kılıfları olan falçatalar, vitrinde ışıl ışıl parlayıp okullu kızlarına alamadığı zaman boyunca içi ezilen falçatalardan. Bir akşam kocasının, bir oğlanla geziyor diye duyduğu kızının yüzüne, güzel, aydınlık, pürüzsüz, al al yanaklarından soldakine vurduğu falçatadan. Olmazdı, falçata da olamazdı.

"Olabilir miydi?
Olsa olsa..." diye düşündü,
"Olsa olsa bu sıcakta akrep koyarlar bunlar, akrep koyuverirler yataklara, akrepler...
Çarşafların altına akrepler.
Yastıkların içine akrepler.
Yatakların kenarlarında akrepler.
Duvarlarda akrepler.
Ardımdaki duvarda akrepler, yavaş yavaş bana doğru gelmekte olan akrepler.
Akrepler!
Akreeeep!
Akreeeeeeeep!"
Demet, bir hışımla çığlık çığlığa yataktan fırladı.
Bebeği, korkusundan feryat figan ağlarken o kundak yaptığı penye battaniyesini açıyor, elbiselerini tek tek çıkarıp fırlatıyor, bezini çıkarıyor, yere yatırdığı bebeğini kah ters

çevirip sırtını kontrol ediyor, kah koltukaltlarını kaldırıp bakıyor, kah boynunu açmaya çalışıyor, kah bacaklarını tutuyor, ayak parmaklarının aralarına dokunuyor, çocuğu bir o yana bir bu yana çevirdikçe de bağırıyordu:

– Akreeeep.

Akrepleri getirmişler.

Hanginiz koydu bunları?

....

Çevresine toplanan kadınlar korkuyla bakakaldı. Bağırışları duyan gardiyanlar, koğuşa girip Demet'e yaklaştı. O anda Demet, bebeğini kucağına sarıp ayağa kalktı ve nefes nefese herkesin yüzüne tek tek bakıp gardiyanlara, "Bunlar akrep koydu yatağıma, şikâyetçiyim!" diye bağırdı. Ağlıyordu, bebeğini göğsüne saklamış, ağlıyordu; kayıtsızca korkuyla ağlıyordu, çok korkuyordu.

Demet, nefes nefese kalmış sessizce tek tek çevresini kuşatan kadınlara bakıyor, bebeğinin feryat figan ağlamaları koğuşu inletiyordu. Kadınlar, bebeğin elbiselerini toplarken de yatağının çarşaflarını tek tek kaldırıp silkelerken de yastığını yumruklarken de bebeğiyle bir başına duruyordu Demet. Sonra memesini çıkarıp, bebeğin ağzına tutturdu, kızını battaniyesine sarıp başka bir ranzaya oturdu, gözlerini kadınlardan ayırmadan memesini bebeğinin ağzına sıkıştırmaya uğraştı durdu.

Kadınlar, koğuşun bir kenarında durup konuşurken, hâlâ Demet'e bakan Fahriye Anne'yi bir ağlama aldı. Kadınlar, Fahriye Anne'ye bakarken açıklama yapmak zorundaymış gibi konuştu:

"Görmez misiniz bacılar, kadının memesinden süt gelmiyo, aç koyuyo el kadar bebeği."

Çıktıkları öğle yemeği burunlarından gelmişti kadınların, tüm cezaevi konuşuyordu Demet'i. Nuray, çıkarken birkaç dilim ekmeği cebine saklayıp koğuşa getirdi, Demet'in yatağının üzerine bıraktı. Demet ekmekleri yiyip, içini de ufalaya ufalaya tükürüğüyle yumuşatıp bebeğinin ağzına verdi. Günü yine bir başına, bir kenarda bitirdi.

Nuray, Demet'in ekmeği almasını fırsat bilip, ertesi gün kantinden aldığı küçük bir paket yoğurtla vardı yanına. Yoğurdu Demet'in gözlerinin önünde açtı, naylon kaşıkla bir süre karıştırıp yine yatağına bıraktı. Demet, herkes havalandırmaya çıkıp da Nuray'la baş başa kaldığı sırada kızını yanına oturtturup, yoğurdu yedirmeye başladı.

Fahriye Anne hem müdüre hem gardiyanlara çok dil döktü. Sonunda cezaevinde kreş niyetine kullanılan ama hiçbir çocuğun daha kapısından içeri bile sokulmadığı odadan bir beşik getirttirdi. Beşiği yerleştirirlerken de yatağı türlü çarşaf, yastık, yorgan, kurdelelerle süslerlerken de kayıtsızdı Demet. Sonunda Fahriye Anne, süs işini bitirip Demet'in yanına oturdu, "Kızım helak oldun, bebeğini buraya koy, üzerini ört yazıktır yavru rahat uyusun," dedi. Ama fayda etmedi. Saatlerdir ayağının ucundaki curcunayı kayıtsız izleyen Demet, Fahriye Annenin sözlerine karşılık ağlamaya başladı ve bebeğini göğsüne koyup yasına gömüldü.

Fahriye Anne, bıkmadan usanmadan, yanıt alamayacağını bile bile her gün konuştu. Sütünün gelmediğini bile bile "Sütün kesilir kızım," diyerek, gözünü korkuttu, kolundan tutup yemekhaneye götürmeye başladı. "Bebeğini uyurken melekler korur yavrum," dedi, küçük kızı beşiğe koymasını sağladı. Bebek, beşikteyken de ranzanın kenarına ilişip, dualar okudu.

Demet, bazen bebeğini beşiğine yatırmaya ikna oluyordu. Ama geceleri geri yanına alıyordu. Geceleri korkuları yine musallat oluyor; bazen dalıp gittiği kısacık uykusunu saran kabuslara bazen de küçük bir hışırtıya çığlık çığlığa ayağa fırlıyor, tüm koğuşu da ayağa kaldırıyordu.

Nuray, neredeyse her gün bir küçük paket yoğurt alıyordu Demet'e. O gün böyle ağrısız ve telaşsız günlerden birinde, elinde yoğurtla gelip Demet'in yanına oturdu, "Sana baktıkça annemi hatırlıyorum," demek istedi. Ama Demet'in gözlerindeki kayıtsızlığı görünce vazgeçti. Sonunda cesaretini toplayıp, "Kimden korkarsın böyle?" diye sordu.

– Kocamdan.

Hem ondan hem de adamlarından.

Demet, Nuray'ın yüzüne bakmıyordu. Karşıya, tam karşıdaki ranzanın demirine bakıyordu. Konuşmak istiyordu. İnsan konuşamadan, paylaşamadan kaç gün durabilirdi. Konuşmak istiyordu, ama nasıl konuşacağını bilmiyordu. Korkuyordu. Konuşursa sesini duyarlar, duyarlarsa gelirler diye korkuyordu.

– Çok mu dövdü seni?

– Çok. Çok dövdü yavrum, hem beni hem de çocuklarımı. Çok işkenceler çektim yavrum ben nasıl anlatayım. Çok kötüydü.

– Boşansaydın sen de.

– Dinî nikahlıydık zaten. İkinci eşimdi. İlk eşimden beş çocuğum var benim, en büyüğü boyum kadar; ikincisinden de aha bu bebe. İlkinden çok çektim ya, ikincisinde de Allah yüzümü güldürmedi. Tövbeliydim bir daha evlenmeyecektim ama çok diller döktü, inandım, kandım, kanmazdım ben ama kandım işte.

– Ne yaptı?

– Her gün içiyordu, içince canavara dönüşüyordu. Beni çalıştırmıyordu, bize para bırakmıyordu, bebelerimi de beni de aç koyuyordu. Benim bebeler o gelince hemen odaya kaçışıveriyordu, anne çişim geldi al beni götür diyemiyorlardı korkularından altlarına işiyorlardı. Küçüktü çocuklar, ses çıkaramıyorlardı.

– Onları da mı dövdü?

– He, bir gün ortanca kızımın biriyle konuştuğunu duymuş, dövdü, yüzünü bıçakla çizdi. Çok kötü günlerdi. Zengindi, işyeri vardı ama bizi de aç koydu. Bu bebem olunca nikah yap dedim onu da yapmadı. Meğer eski karısı varmış, o çıkmış gelmiş barışmışlar...

– Sen de ayrılsaydın o zaman.

– Ayrılmam mı ayrılmak istedim ama bırakmadı peşimizi. Çok kavga ettik, "Ayrılalım," dedim "Tamam," dedi ama "Kızımı bırakmam," dedi, "Sen kesin evlenirsin yarın, kızıma üvey baba getirirsin, ya kızımı alırım ya da ikinizi de öldürürüm," dedi.

– Mahkemeye gitseydin.

– Nerelere gitmedim kızım nerelere gitmedim ben. Bir gün sokakta dövdü beni, taksiciler şahitti. Karakola gittim, taksiciler de şahitlik yaptı. Ama karakollarda imam nikahlıya iyi gözle bakmazlar. Barışırsınız diye savdılar beni başlarından, ısrar ettim. Şikâyetimi aldılar, mahkemelik de olduk ama bu kez de hâkim "barışırsınız," diye geri gönderdi.

– Kaçsaydın sen de.

– Altı çocukla nereye? Zaten eski karının peşinden gitti adam, rahatladım dedim. Ama bu kız hastalandı. Hastalanınca çağırdım doktora götürelim diye, eve geldi, yine tartıştık. Amcaoğlumdan silah almıştım bundan korkumdan çıkardım, korkutmak istedim ama bastım bir kere.

Öyle...

– E daha niye korkuyorsun ki o zaman.

– Kocamın adamları...

Peşimdedir hâlâ.

Her yerdeler, dört bir yandalar.

Görmüyor mu...

Geçen akrep koydular ya

Kim bilir ne yapacaklar?

Geceyi bekliyorlar kızım, geceleri bekliyorlar. Gece olsun

bak sen neler oluyor, ben uyumuyom da anlıyom, gece olmasa keşke kızım, keşke hiç gece olmasa...

Demet'in birden sesi titredi, hızla sağına soluna bakıp başındaki örtüyü düzeltti, beşikte yatan bebeği alıp başını boynuyla omzu arasına sıkıştırdı, gözlerini dikti kapıya.

Nuray endişelenmişti bu halinden. Ertesi gün gardiyanlara yalvara yalvara ikinci müdürün yanına gitti. Demet'in korkularından hasta olduğunu söyleyip, acilen psikiyatriste görünmesi gerektiğini anlattı. İkinci müdür ise "Psikiyatriste millet dışarıda gidemiyo, burada nasıl bulacan?" diye dalga geçti. Nuray, biliyordu cezaevinin bir psikiyatristi olduğunu ancak onu şimdiye kadar gören tek kişi olmamıştı. Bu kez giriş kattaki kreşi sordu Nuray, belki bebeği diğer çocuklarla oraya indirse birkaç saat kadıncağız da rahatlardı.

İkinci müdür sinirlendi Nuray'ın ısrarlı tavrına. Sıcak havaya rağmen üzerinden hiç çıkarmadığı ceketi, ceketinin üst cebine kondurduğu mendili, kitabi konuşması, mimikleri ve el hareketleri ile tam yeni yetme gözü yüksekte devlet memuru tipi vardı üzerinde. Öve öve bitiremediği cezaevine öve öve bitiremediği belediye başkanının kızının sırf kendisinin dürüstlüğü için yaptırdığı kreşi anlattı dakikalarca. Nuray da tüm anlatıya nasıl yapacağını bilmediği bir yalakalıkla karşılık vermeye çalıştı. Ancak öyle yapma duruyordu ki bu hal üzerinde, söyledikleri komik kaldı.

Tutuklu da olsa genç ve güzel bir kadın tarafından olumlanmak hoşuna gitti ikinci müdürün. Hemen Nuray'ı alıp kreşe götürdü. Kreşin demir büyük beyaz kapısını bir gardiyan açtı, ardından ikisi de içeri girdi.

Aydınlık ve geniş bir odaydı burası. On altı beşik aralarında mesafelerle dizilmiş, ortaya da bir sürü oyuncak yığılmıştı. Peluş beyaz ayıcıklar, sarı büyük tekerlekli kamyonlar, pembe, kırmızı, turuncu saçlı bebekler, yumuşacık kediler, kırmızı gözlü maymunlar...

Tertemizdi. Öyle ki cezaevinin hiçbir tarafı böyle güzel kokmuyordu. İkinci müdür "Nasıl, güzelmiş di mi?" diye sorduğunda, Nuray'ın gözleri beşiklerin içindeki yataklara takıldı. Daha naylonları sökülmemiş yatakları gösterdi,

– Kimse inmemiş ki buraya.

– Çocuk yok ki şu an cezaevinde

– Yan koğuşta iki tane kuzen var, biri 3 biri 4 yaşında.

– Onlar cano'dur, boşver onları.

– Cano da ne?

– Cano işte. Hiç duymadın mı? İstanbul'da Çingene denir, Eskişehir'de Roman. Bizim burada da Cano derler, hırsızlıkla geçinirler.

– Burada kime ne denir bilmiyorum. Ama bizim oralarda var ya senin gibilere pezevenk denir.

İkinci müdür, bu lafının üzerine Nuray'ı, hücresi olmayan cezaevinin küçük ve bomboş koğuşuna on günlüğüne gönderdi. Ardından, Nuray'ın "şikâyeti üzerine" Demet'i Adli Tıp Kurumu'na sevk etti: "Deli" diye...

Demet'i, götürmek için iki gardiyan koğuşa girdi. "Duruşman var, mahkemeye götüreceğiz," diye kolundan tuttuklarında Demet, parmaklarının ucuyla bebeğinin beşiğine dokunmaya çalışıyor, var gücüyle gardiyanların elinden kurtulmak için çırpınıyordu. Bağırdı, çağırdı, onu sürüklerken elinin değdiği her yere tutunmaya çalıştı, yerleri tekmeledi, olmadı. Bindirildiği ring aracında yalvardı yakardı, çığlıklar attı sesini duyuramadı. Zorla götürüldüğü Adli Tıp Kurumu'ndan koşarak döndü koğuşa, daha doğrusu bebeğinin başına.

Döndüğünde, hırçın ve öfkeliydi. Kaşlarını çatıyor, burnundan soluyordu. İkinci müdür Nuray'ın şikâyeti üzerine onu göndermek zorunda kaldığını açıklamıştı kadınlara,

Nuray'ı da Demet'ten koruma pahasına başka koğuşa gönderdiğini.

Demet, Nuray'ın kendisini şikâyet ettiğini duyunca alt üst olmuş yeniden tüm koğuşa düşman kesilmişti. Bundan böyle Demet'e ya da bebeğine öylesine de olsa değen her bakış, söylenen söz, dokunan ten olağanüstü kavgaların kapısını açacaktı. Demet, her şeyden korkuyor, her şeye kızıyor, kendisini ve bebeğini koruma pahasına her geçen gün saldırganlaşıyordu.

Bu kez gerçekten şikâyetler gitmeye başladı hakkında. Adli Tıp Kurumu'ndan Demet hakkında "normal" raporu gelir gelmez, ikinci müdür bu şikâyetleri işleme koyup başka bir cezaevine gönderdi onu.

* * *

Yine aynı koğuş havası, yine aynı korkular...

Demet'e göre kocasının adamları bu cezaevinde de peşindeydi. Bebeğini sıkıca sarmalayıp, kuytuda bulduğu ranzaya saklandı. Önce cezaevi müdürüne kendisini ve bebeğini öldüreceklerine dair bir mektup yazdı, günlerce müdürün yanına çağırılmayı bekledi. Ancak ne onu çağıran oldu ne de şikâyetlerine yanıt veren.

Derdini anlatamamanın verdiği hınçla doluydu. Sabah akşam öfkesini kusacak yer arıyor, korkular, kabuslar, şüpheler peşini bırakmıyordu. Öyle sancılı günlerden birinde bebeklerin rutin aşısını yapan doktor, koğuştan içeri girdi. Gardiyanların zoruyla bebeğe kızamık aşısı yapılınca koptu kızılca kıyamet.

Demet önce bütün koğuşu birbirine kattı, ardından duvarları kapıları yumrukladı. "Bebeğimi zehirlediniz!", "Beni aşı diye kandırdınız!", "Kaç para aldınız?" diye bağıra bağıra kavga etti tüm koğuşla.

Ertesi gün müdür Demet'i yanına çağırmak zorunda kaldı.

Bebeği yurda vermeyi teklif ettiğinde aynı hiddetle yanıt aldı. Kapıları, duvarları tekmeleyen Demet, bir kez daha tuttu Adli Tıp Kurumu'nun yolunu, "deli" diye...

Haftalar sonra Adli Tıp Kurumu'ndan normal raporu geldi. Rapordan sonra yine postalandı, yeni bir cezaevine...

* * *

Burası sırtında çantası, kucağında bebesi kovula kovalana geldiği üçüncü cezaeviydi.

Yorulmuştu belki ama geçmeyen hıncı, öfkesi; her gün yeniden doğan, küçük bir bakış ya da sözcükle alevlenen korkuları sayesinde hep tetikteydi.

Oysa her şeye rağmen yaşamak, her şeye rağmen yaşatmaktı tek derdi.

Buradayken, Silifke Cezaevi'ndeyken, Adana Cezaevi'ndeyken, içerideyken, dışarıdayken, evdeyken, evliyken, terk edilmişken...

Köyünde tezek yakarak ısınıp, bazı geceler aç uyudukları tek göz odalı evlerinden kocasının zoruyla kente gelmiş, en küçüğü engelli beş çocuğuyla burada da yoksulluğun kıyısında yaşamıştı. Bir gün eve uğrayıp günlerce gelmeyen kocasının ardından az açlık çekmemişti. Bir kez sadece bir kez gitmişti bakkala kocasının borç hesabından süt almak için. Bakkal ise "veremem, borcunuz çok oldu," deyip, anlatmıştı kocasının aynı mahallede bir kadınla olduğunu, onların da bu hesaptan alışveriş yapıp borcu şişirdiğini. Kocası ile son kavgaları o gece olmuş, kapıdan çıkıp giden adamı bir daha ne o mahallede ne de kentte görebilmişti. Köyünün bağlı olduğu kasabaya dönmüş, önce bir bisküvi fabrikasında çalışmıştı, gündüzleri beş bebeğinin üzerine kapı kilitleyip, geceler boyu yemek temizlik yaparak. İki yıl sonra fabrika kapanınca yine kente gelmiş, inşaatlarda temizlik, ofislerde çay yemek yaparak gece gündüz çalışmıştı. Güçlü kadındı Demet, omzuna aldığı beş bebenin ekmeğini inşaatlardaki taşlardan çıkaracak kadar güçlü kadındı.

O günlerde tanışmıştı ikinci kocasıyla. Ve o zor günlerin ardından altıncı bebeğiyle tutmuştu cezaevinin yolunu. Dile kolay tam iki yıl korkmuştu Demet, tam iki yıl kimseciklerle konuşmamış, tam iki yıl deli diye hor görülüp, savuşturulmuştu.

Ondan boşuna değildi şimdi yeni gelen müdürün kapısının önünde çığlık çığlığa çığırışları, boşuna değildi müdürün karşısında canhıraş yardım dilemeleri.

"Kocamın adamları her yerdedir,

Akrep salacaklarmış koğuşa.

Aha da bu bebeği nerelere saklasam ben müdürüm..."

Cezaevine henüz atanan müdür Aydın Çalışkan can kulağıyla dinledi, zavallı kadının ne denli korktuğunu hatta hastalandığını anlayıp, başından savmak yerine onu cezaevinin psikiyatristi Tayfun Bey'e emanet etti.

Her daim kalabalıktı Tayfun Bey, her daim çocuklarla, kadınlarla uğraşırdı. Keşke elinden daha fazlası gelebilseydi. Elinden daha fazlasının gelemeyeceğini bilirdi yine de can kulağıyla dinlerdi, yüreğiyle dinlerdi ve aynı şekilde konuşurdu.

Demet'i kucağında bebesiyle ilk gördüğünde korkunç bir hüzün kaplamıştı içini. Bebesiyle beraber gördüğü ilk mahkûm Demet değildi şüphesiz, ancak kadının her yanını sarmış korkuları, aşırı şüpheci ve güvensiz halleri ile zavallı yavruya zarar verebileceği için endişeliydi. Belki hem zaman yokluğundan, hem cezaevi koşullarından Demet'i tedavi edebilecek gücü olmayacaktı ama en azından güzel yavruya daha güvenilir bir kucak sağlayabilecekti.

Tayfun Bey Demet'i dinlemişti günlerce. Dinlediği onlarca hikâyeden biriydi, hikâyesi. Hatta aynısıydı, tıpatıp aynısı. Kocasını şiddet, tehdit, kıskançlık, öfke yüzünden öldürmüş bir sürü kadından biriydi; yine de bıkmadan usanmadan dinlemişti Demet'i. Aynı zamanda zehirli iğneleri, akrepleri, katilleri, hırsızları...

Demet ilk zamanlar bağıra bağıra, ellerini oynata oynata, başıyla etrafını kolaçan ede ede bıkmadan usanmadan aynı şeyleri anlatmıştı. Konuşmaları günlerce sürmüştü, ardından günlerce daha. Konuştukça sakinleşiyordu Demet, Tayfun Bey'i dinledikçe ikna oluyordu.

Uzun bir aradan sonra ilk kez Tayfun Bey'e güvenmeye başlamıştı, uzun bir aradan sonra artık yürüyüp zıplamaya başlayıp da koğuşun maskotu haline gelen kızının elini rahatça bırakmıştı, uzun bir aradan sonra ilk kez yanındaki kadınlarla konuşabilecek bir şeyler bulmuştu.

Tayfun Bey, Demet'in sürekli yaşadıklarını anlatmasındansa onu uğraştıracak bir şeyler arıyordu. Çocuğu olduğundan çalışamazdı Demet ama belki ortaokula kaydolabilirdi. Demet'i açık okula kaydettiren Tayfun Bey, cezaevinde verilen derslere de katılmasını sağladı. Hatta ders sıralarında yavaş yavaş küçük kızını da kreşe bırakmaya ikna etti.

O dersler sürerken, Demet'e kızının artık cezaevinde kalamayacağını anlattı. Demet, itiraz etmeden dinledi. Birkaç gün düşünmek için izin aldı. O günlerde hayli gergindi ama ilaçların da etkisiyle kimseye dalaşmadı. Sonunda bebeğini en büyük kızının yanına vermeye ikna oldu.

Büyük kızı, özel izinle geldi cezaevine. Evlenmiş ama o da dayaktan çok çekmiş, sonunda boşanmıştı. Ne zamandır onu düşünüp, harap olan annesine de boşandığı haberini görüş anında vermişti. Annesi, "Nasıl geçiniyorsun?" diye sorduğunda, utana sıkıla "Babam geldi anne," dedi.

"Yıllarca Rusya'daymış. Gelmiş, pişmanmış, beni buldu. Ben görüştüm ama kardeşlerim görüşmedi."

Demet, hiçbir şey söylemedi, kızının güzel yüzünü avuç-

larının arasına alıp, alnından öptü. "Kardeşine iyi bak e mi."
dedi.

Ömrünü altı çocuğunun peşinde geçiren Demet, ilk kez yalnız başına bir hayat için ardını dönüp koğuşun yolunu tuttu.

* * *

Her gün görüş günlerini sayıyordu Demet, ama gelen giden olmuyordu.

Bir ay, iki ay, üç ay...

Tam sekiz ay sonra güneşli bir nisan günü, büyük kızı tüm kardeşlerini toplayıp gelmişti görüşe.

Demet, dizi dizi yan yana oturmuş altı bebeyi gururla izledi. Ne çok büyüdüklerini düşündü, ne zor büyüdüklerini, büyürken yanlarında olamadığını düşündü, onları eve kilitleyip fabrikaya gittiği zamanları düşündü, üvey babadan korkup altlarına kaçırdıkları günleri düşündü...

Büyürken yanlarında olamayacağını düşündü sonra, diploma aldıklarını göremeyecekti, evlendiklerini, çocuklarının olduğunu.

En küçük bebeğine takıldı gözü, ayağından sarkan pembe patiklerine ve sürekli ortalarda gezinip duran bıcır bıcır hallerine.

O sırada yarım yarım konuşmuştu bebesi.

Cezaevi duvarlarında tanıdık bir koku hissetmiş gibi "Anne beni niye artık yanına almıyorsun?" diye sormuştu. Demet de "Burası soğuk kızım, üşürsün?" demişti.

Biri okulunu anlatmıştı, biri işini, biri evini anlatmıştı en büyüğü de kardeşinin yaramazlıklarını... Bir saat, topu topu bir saatlik açık görüşün sonunda çocukları ayağa kalkıp onu öpmek için sıraya girdi, ardından kapıdan çıkıp gittiler.

Yorgundu Demet.

Kavga etmeyeli beri yorgundu.

Yüzünde çizikler birikiyordu.

Alnına kırışıklıklar biniyordu.
Kendisiyle vedalaşmak için son sıraya kalan büyük kızına
yaklaştı ve "Mücadele et kızım," dedi.

"Sen mücadele et.
Ben mücadele ettim.
Belki iyi bir anne olamadım ama sizi doyurmak için gece
gündüz çalıştım.
Belki o adamı başınıza ben musallat ettim, ama musallat
ettiğim gibi de gerisin geri göndermeyi bildim.
Mücadele ede ede o kötü günlerde kucağımda bebeğimle
sınavlara bile girdim.
Türkçe'den 100 almışım biliyor musun?
Matematikten 25.
Mücadele etmeseydim
O zaman ya ölüydüm,
Ya da deli, bu hayatta..."

Cinayet suçundan aldığı müebbet hapis cezası 19
yıla indirildi. Cezaevine girdiği ilk 2 yıl boyunca
yaşadığı bunalımlar nedeniyle 3 cezaevi değiştirdi.
Nihayet son girdiği cezaevinde bir psikiyatrist
bulunuyordu. Bu sayede tedavi gördü. Ancak tam
olarak iyileşmesi için daha iyi bir tedaviye ihtiyacı
var. Bunun için cezaevi koşulları yeterli değil. Adli
Tıp Kurumu raporuyla hastaneye yatması için ise
durumunun daha kötü olması gerekiyor.

İkinci eşinden olan çocuğunu, en büyük kızı yanına
aldı. Çocuklarına ise uzun bir süre Rusya'da
kaldıktan sonra ülkeye dönen babaları bakıyor.

İlk eşini bir daha görmedi.

Görüşmeyi yaptığımız sırada 5 yıldır içerideydi.
Hâlâ cezaevinde öldürdüğü ikinci eşinin adamları
olduğuna ve kendisine zarar vermeye çalıştığına
inanıyordu.